别让孩子
伤在敏感期

蔡万刚◎编著

国家一级出版社 中国纺织出版社 全国百佳图书出版单位

内 容 提 要

孩子的生命有内在的驱动力，正是在这股力量的驱使下，孩子可以按部就班地按照生命的内在节奏去成长，也符合生命的内在规律去按部就班地做人做事。如何发掘出孩子生命的内在驱动力，让孩子的成长事半功倍？如何才能认识孩子的敏感期，让孩子的敏感性不受伤害，反而成为生命的永动力？这是每一个父母都要认真学习和研究的。

本书以儿童成长过程中的敏感期为基础，结合心理学的知识，分析了孩子在不同的人生阶段成长中表现出来的特点和独特的敏感性。敏感期出现的时间有早有晚，表现也因人而异，父母要想抓住敏感期对孩子开展引导和适当的教育，就要了解敏感期，也要更加了解孩子。

图书在版编目（CIP）数据

别让孩子伤在敏感期／蔡万刚编著. —北京：中国纺织出版社，2019.4
ISBN 978-7-5180-6016-0

Ⅰ.①别… Ⅱ.①蔡… Ⅲ.①家庭教育 Ⅳ.①G78

中国版本图书馆CIP数据核字（2019）第050130号

责任编辑：闫　星　　特约编辑：李　杨　　责任印制：储志伟

中国纺织出版社出版发行
地址：北京市朝阳区百子湾东里 A407 号楼　邮政编码：100124
销售电话：010 — 67004422　传真：010 — 87155801
http：//www.c-textilep.com
E-mail：faxing@c-textilep.com
官方微博 http://weibo.com/2119887771
三河市宏盛印务有限公司印刷　各地新华书店经销
2019 年 4 月第 1 版第 1 次印刷
开本：710 × 1000　1/16　印张：13
字数：222 千字　定价：39.80 元

前 言

细心的父母会发现，孩子的很多本能都是天生的。例如，新生儿刚刚出生脱离母体，当被妈妈抱在怀里，靠近乳房，他们的嘴巴就会本能地四处寻找，直到把妈妈的乳头含在嘴巴里，就开始津津有味、孜孜不倦地吮吸起来；才两岁的孩子，就萌生出自我意识，此前从来不知道区分东西属于谁的他们，一夜之间似乎长大了，对于自己的东西特别爱惜，不给别人碰，对于别人的东西也毫不客气地占为己有，似乎那件东西真的属于他般理直气壮；好好地去幼儿园，走着走着，突然非要拽着妈妈往回走，哭闹着要走回昨天的路上去，难道不是只要能到达目的地的路就是正确的道路吗；才五岁的孩子居然说要和自己的爸爸或者妈妈结婚，偶尔，他们的结婚对象还会变成同龄的小伙伴，或者学校里的老师，这到底是怎么回事呢……如果不了解孩子的敏感期，父母一定会被孩子表现出来的这些怪异行为吓住，在不知所措中和孩子一样懵懂无知地面对敏感期的到来。

意大利大名鼎鼎的教育专家蒙台梭利女士第一次提出敏感期的理论，指的是在0~6岁，孩子们因为自身发展的需求，在内驱力的趋势下，突然对某些事情表现出浓厚的兴趣，甚至陷入对这些事情的痴迷之中，不知疲倦地去完成这些事情。这就是孩子与生俱来的敏感性在发生作用，等到这种狂热的状态和行为一直持续，最终满足孩子的心理需求之后，或者孩子顺利度过敏感期，不再对这些特定的事情表现出浓厚的兴趣，孩子对相关行为的热度就会降低。遗憾的是，很多父母都不了解敏感期的相关知识，他们看到孩子表现出怪异的行为，甚至会强行制止孩子。这种粗暴的方式会扰乱孩子成长的节奏，导致孩子内心的需求还没有得到满足就不得不终止生命敏感性驱使下做出的行为，有的时候，这种粗暴的方式还会让孩子错过敏感期，这当然会导致孩子在生命历程中有所缺失。错过的敏感期或者永远错过，给孩子未来的成长和人生带来困扰，或者在一段时间之后还会重现，从而让孩子有机会弥补错过的敏感期。

从成长的角度而言，敏感期对于孩子的一生都会起到至关重要的影响作用，父母一定不要忽略孩子的敏感期，更不要因为无知而伤害孩子位于敏感期时敏感脆弱的心。从0岁到6岁，孩子在每个人生阶段都会有相对应的敏感期。例如，孩子刚刚出生的时候更喜欢黑白的颜色，而不喜欢五颜六色的色彩；他们会把一切能塞入嘴巴里的东西都塞入嘴巴里，即使父母阻止他们也没有效果；他们会蹲在大树底下入神地观察几只小蚂蚁，原本缺乏耐心和毅力的他们，在入神观察小蚂蚁的过程中丝毫没有感觉到时间的流逝，不知不觉间，就已经成为小蚂蚁的忠实粉丝一个多小时了……对于孩子的成长，父母有太多的困惑，几乎每天都会觉得很新奇，也几乎每天都迫切感觉到自己需要学习。从这个角度而言，孩子成长的过程，也恰恰是父母不断学习的过程。换而言之，父母只有坚持学习，才能承担起养育孩子的重要责任，也不辜负孩子叫出来的“爸爸”“妈妈”。

有人说当父母是这个世界上最伟大的职业，也是需要毕生努力的事业，的确没错。在父母眼中，孩子永远都是孩子，那么面对孩子的一切困惑与痛苦，父母都会感同身受，自然也要不遗余力地想办法与孩子共渡难关。其实，等到孩子真正长大成人，父母完全没有必要继续亦步亦趋地跟随孩子，而应该给予孩子自由的天空去翱翔。父母应该把更多的时间和精力用于陪伴童年的孩子，一则是童年的孩子很幼小，缺乏力量；二则是童年的孩子正处于人生的关键时期，需要父母用爱与自由为他们支撑起一片天空；三则是孩子的成长是不可逆的，这个世界上也许有很多东西都可以以金钱和物质弥补，或者在事后进行补救，但是唯独错过了孩子成长的父母会懊悔终生。

作为父母，你准备好了吗？你要瞪大眼睛观察孩子敏感期的到来，你要打起精神陪伴孩子度过一个又一个的敏感期，你也要更加坚定不移，勇往直前，成为孩子最可以依赖和信任的人。孩子的敏感期，父母的成长期，每一个父母都不要错过成长哦！

目 录

第01章

敏感期是宝宝心理发育的关键期

每个小生命都是一个独特的生命个体，蕴含着神奇的生命力量。他们有自身的成长规律，也有内在的生命节奏。作为父母，既要对新生命的诞生心怀敬畏，全心全意照顾好小生命，也要更加了解孩子生命成长的规律和历程，从而捕捉到孩子成长过程中的敏感期，为孩子成长保驾护航，也提供最大的助力。

抓住敏感期，助力孩子成长

大自然是神奇的，每个生命在成长的过程中都有自身的规律和节奏可以遵循，孩子的成长也是如此。意大利大名鼎鼎的教育专家蒙台梭利曾经说过，每个新生命都自带神秘的本能，在这个本能的指导下，孩子才能主动成长，激发生命的内在力量，帮助自己更好地适应外界，不断进步。蒙台梭利主张给予孩子主动成长的权利，这是因为孩子是非常敏感的，他们能够感知到外部的环境，也可以根据外部环境的各种变化，不断地调节自己。当然，这种敏感性虽然是与生俱来的，并不是当即表现出来的。在接受外界刺激的情况下，孩子们会更加表现出这种敏感的特性，使其如同灵光乍现一般一闪即逝。

不仅孩子存在这种敏感性，在大自然中，很多动物也存在这种敏感性。例如蝴蝶妈妈为了保护蝴蝶卵的安全，往往把卵产在树枝杈的隐蔽位置，但是树上的嫩叶却生长在树梢处，这样一来，当卵孵化出蝴蝶幼虫，幼虫就必须爬到树梢处才能吃到嫩叶。荷兰科学家德弗利斯最初发现了蝴蝶的敏感性，因为他经过研究发现，几乎每一只蝴蝶幼虫都能顺利找到嫩叶。这到底是为什么呢？是什么指引着蝴蝶幼虫奔向美味的食物呢？原来，蝴蝶幼虫对于光线有天生的敏感性，而树梢处正是它们所在的树枝上光线最强的地方，所以它们只需要朝着最光亮的地方爬过去，就能找到嫩叶。随着幼虫不断的成长，它们也可以吃那些相对粗壮的树叶，在此过程中，它们对于光的敏感性渐渐消失，它们就可以以树枝两侧的肥美老叶为食物。了解了蝴蝶的卵变成幼虫，幼虫跑到枝头上吃嫩叶的过程，我们不由得为生命的神奇力量而感慨。

每个孩子都是神奇的生命个体，他们独一无二，与众不同，看似孱弱，实际上却有生命的强大本能。从这个角度考虑，父母除了照顾好孩子的吃喝拉撒，满足孩子基本的生理本能之外，更要认真细致地观察孩子，从而给孩子提供最有利于成长的环境，也让孩子身心健康地成长。

不得不说，在0~6岁期间，孩子在成长的每个阶段，都有特定的敏感期。在特定的敏感期内，孩子某个方面的能力会比较强，如果父母能够抓住这个阶段有的放矢地对孩子进行启发引导和教育，那么孩子在特定方面的能力就会得以发展，也变得越来越强。反之，如果错过了孩子特定的敏感期，那么孩子在特定方面的能力发展就会受到限制。所以也可以说敏感期是孩子成长的推动力之一，也是孩子成长的好机会。当父母敏感地捕捉到孩子的敏感期，并且能够借助于敏感期的到来有的放矢地对孩子展开教育，那么孩子的学习就会更轻松，孩子的成长也会事半功倍。有的时候，父母为了激发出孩子在敏感期的敏感性，还可以给予孩子一定的外部刺激，从而让孩子的敏感性更加剧烈地释放出来。这对于孩子的成长和发育，是有很大好处的。

需要注意的是，孩子的敏感期是一个又一个接连出现的，因而作为父母一定要有耐心，要等待孩子敏感期的出现。对于孩子已经出现的敏感期，父母还要努力抓住对敏感期的刺激，这样一来，父母才能给予孩子积极正向的引导，也才能让孩子的成长水到渠成。

1920年，曾经发生了一件事情，让整个世界都为之震惊。在印度的森林里，人们发现了两个狼孩。这两个孩子都是女孩，一个七八岁，一个大概两岁。由于这两个孩子一直住在狼窝里，由狼妈妈抚养长大，所以她们的生活习性和狼一样，而完全没有人的特征。她们不会直立行走，而是像狼一样用四肢行走，她们昼伏夜出，在白天总是酣睡，等到夜晚到来时，才四处行动、觅食。她们喜欢趴在地上直接用嘴巴撕碎肉块，然后吃掉，而不会使用手。最重要的是，她们还与狼一样害怕水、火和光。在被发现的人送到孤儿院之后，大概两岁的女孩才过了一年的时间，就去世了。人们意识到狼孩很难适应人类社会，因而更加重视对七八岁的女孩进行训练。然而，七八岁的女孩并没有表现出相对应的人类智慧，虽然活了将近十年，但是她的智力水平才达到三岁左右孩子的智力水平，而且，她在十六岁前后也去世了。

狼孩事件曾经让整个世界都为之轰动，这告诉我们哪怕是正常的孩子，如果错过了敏感期，或者是在敏感期内得到了错误的外部刺激，那么他们就无法健康地成长。事例中，七八岁的女孩正是因为在狼窝中度过了敏感期，所以才会无法接受人类的教育和人类社会的生活。从神经学的角度而言，她已经建立了“狼的神经通路”，所以她无法再形成正常的人类思维。总而言之，孩子的敏感期至关重要，很多父母误以为对于年幼的孩子无须过多关注，而对于青春期的孩子才需要谨慎对待和引导，其实这种观念是完全错误的。孩子的成长过程是不可逆的，父母一定要关注孩子每个阶段的成长，尤其是要关注孩子在0~6岁期间的生长发育情况，才能在最好的时机里给予孩子恰当的帮助和及时的引导，也督促孩子获得长足的发展。

孩子的成长是神奇的过程

生命的形成是非常神奇的，从精子与卵子相遇的那一刻开始，这一场神奇的生命之旅就拉开了序幕。在没有出生之前，孩子其实已经在母体内完成了生命的蜕变，等到真正出生，新生命呱呱坠地，又开始了新一轮的生命历程。很多细心的父母都会发现，很多时候，孩子的表现非常奇怪，无法解释，又充满生命的张力，因而常常带给父母欣喜。

孩子从出生开始就进入了学习的过程，他们如同一张白纸急需要填充和着色。他们需要学习的东西实在太多了，想想吧，一个小生命是如何从只知道哭笑，到能够积极主动地表达自己，为人生带来无限可能性的呢？很多成人无法想象当耳边充斥着各种声音的时候，要如何做才能平静对待，才能有效地辨识和模仿各种声音。成人不知道，婴幼儿正是通过这样的方式进行学习的。他们还不懂得成人的语言，对于他们来说，成人的语言就如同音乐声、汽车鸣笛声、流水声、炮竹声、脚步声等声音一样，单调枯燥，没有意义。但是婴儿并不厌烦这些声音，学习的本能让他们努力地辨别各种声音，也从中找出对自己特别有意义的声音，那就是身边的人说话的声音。渐渐地，婴儿能够从诸多的声音中辨识出说话的声音，也会转移视线到声音的来源，随着不断成长，他们还会转动脑袋看着说话的人，做出一系列兴奋的表现，例如面带微笑、紧紧握拳、不停地踢腾小腿儿等。这是婴儿表达喜悦的方式，也是婴儿与父母之间初步的交流。

在辨识出来父母的声音之后，婴儿就开始进行学习。他们也想模仿父母的声音发声，为此他们非常努力，常常发出四不像的声音。这样的声音，父母听不懂，但是婴儿说起来却津津有味，怡然自得。父母会发现这段时间婴儿特别热衷于发声，常常一个人嗯嗯啊啊，乐此不疲。在长期的锻炼中，婴儿居然能发出类似于“爸爸”“妈妈”的声音了，这让爸爸妈妈感到万分欣喜，也满怀期待。在这个阶段，如果父母能够主动和婴儿说话，用模拟婴儿声音的“语言”与婴儿交流，就能给孩子有效的外界刺激，从而发展孩子的语言能力。不得不说，这是一个神奇的过程，也是每个健康的孩子都是必然经过的阶段。

孩子的成长是按部就班的，到了既定的年龄段，他们就会主动发展自己在某个方面的能力。例如民间说婴儿“二抬四翻六会坐，八爬九扶立周会走”，就是说孩子在一周岁之前，到达相应的月份会具备的能力。虽然未必每个孩子都会按照这个规律成长，但是大多数孩子都符合这个规律，还有些孩子在相应的月龄中还会有对应的表现。细心的父母还会发现，婴儿从最初的用嘴巴来了解各种事物，到后来用手去触摸，还会把东西扔到地上听响声。实际上这都是婴儿学习的表现，他们在合适的时机发展自己对应的能力，从而让自己茁壮成长。

父母必须知道，孩子在成长的过程中始终面临着挑战，成长从来不是一蹴而就的，也不是绝对轻松和毫不费力的。父母尽管要引导孩子成长，给予孩子适度的外部刺激，以激发起孩子的敏感性，但一定要把握好合适的度。常言道，凡事皆有度，过度犹不及，对于孩子而言，父母过度地干涉非但不利于他们获得成功，而且会导致他们遭遇失败。既然如此，父母就不要过多地参与和干涉孩子的成长，而是怀着欣赏的态度去静静地等候孩子的生命花开绚烂吧！

你不可不知的孩子九大敏感期

对于每一个孩子而言，大自然赐予他们的最好礼物，就是与生俱来的敏感期。正是敏感期为他们的生命提供源源不断的动力，也让他们在成长的过程中按部就班，水到渠成。意大利大名鼎鼎的教育学家蒙台梭利曾经为人们列举了孩子的敏感期。

第一个是语言敏感期。0~6岁的孩子处于语言发展的关键时期，在整个期间，孩子的语言能力都在快速发展和进步。因而父母要为孩子营造良好的语言环境，既为孩子的语言表达进行示范，也为孩子的语言能力发展提供学习和模仿的对象，如此双管齐下，孩子的语言能力自然会快速进步。

第二个是感官敏感期。感官敏感期是从孩子一出生就出现，持续到孩子六岁前后才会消失。所谓感官，就是视力、听力、触觉、嗅觉、味觉等。正是在感官的综合作用下，孩子们才能更加深刻地认知和理解世界，也以此熟悉周围的一切。

第三个是动作敏感期。动作敏感期同样起源于孩子一出生的时候，持续到孩子六岁前后。顾名思义，动作敏感期就是孩子各种动作的发展，以及不同动作之间的协调等。孩子的动作发展与他们的脑部发育是密切相关的，父母可以多多带着孩子进行各种运动，帮助孩子实现动作平衡，此外，适度运动还能促进孩子的脑部发育。

第四个是秩序敏感期。通常情况下，孩子在2~4岁，会进入秩序敏感期。这个阶段的孩子对秩序表现出强烈的执拗，他们会在玩过玩具之后，把玩具放到之前的位置上，而且做事情的时候讲究先后顺序，甚至连走路都要沿着老路。对于孩子表现出的行为，父母不要觉得孩子很固执，而要知道孩子处于秩序敏感期，所以要努力维持秩序。

第五个是对生活中细小事物的敏感期。大概在一岁半前后，孩子的观察力越来越敏锐，父母会发现孩子往往发现一只蚂蚁也能看半天的时间，或者发现了一块小塑料碎片，也能兴致勃勃地拿着玩上好几个小时。看到这种情况，父母往往觉得孩子很无聊，实际上孩子不是无聊，而是敏感期让他们对于这些细小事物更感兴趣。当发现孩子处于对细小事物的入神观察中时，父母不要催促孩子，否则就会破坏孩子的专注力，对于孩子的观察力也是一种破坏。

第六个是社会规范敏感期。听到这个名词，一定有很多父母觉得可笑，孩子还那么小，怎么就与社会规范扯上关系了呢？不得不告诉每一位父母的是，即使孩子再小，也是社会生活的一员，也要遵循社会规范。孩子两岁半之前，还没有上幼儿园，所以他的主要活动场所是在家里，而且他身边也都是家人。在三岁前后，孩子走出家庭，开始去幼儿园里学习，他们对于交往的需求变得强烈，而且喜欢在与小伙伴相处的过程中遵守社会规范。在3~6岁期间，孩子正处于认知社会规范，养成遵守社会规范好习惯的关键时期，父母要给孩子树立积极的榜样，也要引导孩子更好地融入社会生活。

第七个是文化敏感期。通常情况下，孩子从三岁前后会对学习产生浓厚的兴趣，但是直到六岁之后，九岁前，他们才表现出探索世界的欲望。在这个阶段，父母要引导孩子主动学习，也要帮助孩子认识到学习的魅力所在。

第八个是书写敏感期。三岁半之后，也就是进入幼儿园没多久，孩子经历了一段时间的学习，进入书写敏感期。到四岁半之间的一年时间里，父母会发现孩子对于书写充满热情，常常拿着纸和笔独自写写画画，还有些孩子会在墙壁上乱涂乱画，也是热爱书写的表现。在这个阶段，父母无须引导孩子进行书写，而是让孩子自由地书写即可。

第九个是阅读敏感期。孩子在四岁半之后，会比较喜欢阅读。到五岁半之前，他既喜欢听父母对着书本给他讲故事，也喜欢独立自主地看书。因而，父母要为孩子准备一些经典的绘本，以图画为主，也要有一定的文字讲述，这样孩子在图文并茂的书籍中，会更加感受到阅读的乐趣，也会真正爱上阅读。

当然，孩子的敏感期远远不止这些，这只是蒙台梭利根据对孩子的研究，列举出来的九个关键敏感期。如果说这些敏感期表现出孩子的共性，那么父母作为孩子的监护人和陪伴者，更要用心陪伴孩子，用心观察孩子，这样才能及时觉察孩子的成长情况，也给予孩子最好的引导与启迪。

认真观察，才能捕捉到孩子的敏感期

三岁半的甜甜才上幼儿园两三个月，一天早晨，妈妈和往常一样送甜甜去幼儿园，走到半路，甜甜突然开始哭闹起来，拉着妈妈就往回走。妈妈不由得紧张起来：最近上幼儿园一直很好啊，难道又不想去幼儿园了？甜甜一边哭一边口中念念有词，妈妈费了很大的劲儿才听懂甜甜的话。原来，甜甜要求妈妈走“那条路”。

往日里，妈妈送甜甜去幼儿园的时候，都是走的另外一条路，这一天，因为甜甜没吃早饭，妈妈想给甜甜顺道买个南瓜粥吃，所以才带着甜甜走了这一条路。没想到，甜甜走了一段距离才反应过来，因而坚决要拉着妈妈往回走。对于甜甜的表现，妈妈觉得莫名其妙："不管走哪条路，能到达目的地不就可以嘛，为什么非要走老路呢？"虽然妈妈再三向甜甜解释走这条路也能到幼儿园，还可以买南瓜粥吃，但是甜甜就是不为所动，坚持要回头去走每天走的路。后来，妈妈拗不过甜甜，只好和甜甜一起折返回去，走到原来的路上。

一个偶然的机会，妈妈和学习教育心理学的同学说起这件事情，才从同学口中得知，原来甜甜正处于秩序敏感期，对于秩序非常执拗。后来，妈妈再看到甜甜表现出特殊的偏执，就不再与甜甜对着干，而是很理解甜甜，也愿意尊重甜甜的秩序。在妈妈的引导下，甜甜还学会了收拾房间，看到家里某些地方乱了，也主动收拾家里，保持家里的干净整齐。

事例中的甜甜就处于典型的秩序敏感期，所以才不愿意尝试去学校的新路，而要坚持走在老路上，去学校。当孩子对于秩序非常敏感的时候，如果随便打破孩子坚持的秩序，则往往会破坏孩子的安全感，导致孩子陷入强烈的不安全感之中。因而父母要敏感觉察到孩子的敏感期，才能避免做出压制孩子天性的错误行为，也才能让孩子在父母的尊重和引导中，更加快乐地成长。

虽然教育专家给出了我们儿童敏感期出现的时间，但这只是根据大多数孩子的敏感期表现总结出来的，也许具有广泛性，却未必所有孩子都会遵循这个规律。每个孩子都是独立的生命个体，都有自己的成长规律和表现。对于孩子而言，敏感期是他们成长的敏感阶段，对于父母而言，敏感期是他们在抚养孩子成长的过程中必须认真和慎重对待的敏感阶段。父母唯有以爱与耐心呵护孩子成长，也随时观察孩子在成长中的各种表现，才能充分运用智慧陪伴孩子度过成长的关键时期，也给予孩子最大的助力。

实际上，孩子敏感期的出现时间因人而异，有的孩子敏感期出现得较早，有的孩子敏感期出现得较晚，有的孩子因为错过了敏感期，要等到一段时间之后，才会补上敏感期。也有的孩子敏感期表现明显，而有的孩子敏感期表现不明显。还有的孩子敏感期持续时间长，而有的孩子敏感期持续时间短。总而言之，每个孩子敏感期出现的时间和表现的情况不一而足，我们要如何才能确定孩子是否进入敏感期，又如何判断孩子敏感期的表现情况呢？在对应的敏感期，孩子总会有一定的表现，父母可以通过观察孩子的表现，了解孩子对于敏感期是否足够敏感，也判断孩子将会如何度过敏感期。例如，秩序敏感期的孩子穿衣走路都要遵循一定的次序，书写敏感期的孩子总是拿着笔，随时随地都要四处走走看看。

当然，每个孩子在成长过程中都会表现出不同的特点，也有自己的节奏和规律。作为孩子成长的陪伴者，作为孩子全心全意的爱护者，父母一定要用心观察孩子。除了要了解敏感期的特点之外，也要了解孩子身心发展的特点，从孩子自身的角度出发，有的放矢地教育孩子，引导孩子。当然，父母一定要端正态度，要知道父母了解敏感期，并不是为了帮助孩子逃避敏感期，而是为了让孩子更好地度过敏感期。例如有的孩子会经历诅咒敏感期，还有一个类似的污言秽语敏感期。在诅咒敏感期，孩子会特别喜欢诅咒别人，并且发挥诅咒的力量。在污言秽语敏感期，孩子们则会满口脏话，也常常在父母不知不觉的时候就学习了很多脏话，说起来乐此不疲。即使面对这样的情况，父母也要意识到孩子正处于敏感期，因而以合理的方式对待孩子。记住，每一个敏感期都意味着孩子各方面的能力进入了快速发展之中，当孩子对于自己的敏感期无知无觉的时候，父母一定要肩负起艰巨的责任和义务，帮助孩子顺利度过敏感期，也在敏感期内得到快速成长，从而让孩子拥有快乐而又充实的童年。

充满智慧的父母，才能与孩子进行心灵的沟通

早晨起床之后，甜甜坚持要自己穿鞋子。原本妈妈觉得很高兴，因为这恰恰意味着甜甜长大了，想要做力所能及的事情，自己照顾自己。然而，让妈妈苦恼的是，甜甜每次都要把左右脚颠倒过来穿鞋子。妈妈很无奈，告诉甜甜："甜甜，你把左右脚的鞋子穿错了。要把左右脚的鞋子颠倒过来，才是正确的。"才三岁半的甜甜很倔强，每当听到妈妈这么说的时候，总是很生气，也坚决不愿意调整鞋子。

有一天早晨，甜甜起床之后就在地上跑开了，也许是因为早晨起床还不够清醒，也许是因为跑得太快，一下子摔倒在地上。妈妈在检查甜甜没有受伤之后，语重心长地对甜甜说："甜甜，你看看，鞋子要这么穿，走路的时候才不会被自己的脚绊倒。否则，如果把次序弄错了，就会导致走路的时候，左脚绊着右脚，或者右脚绊着左脚，是很容易摔倒的。在家里摔倒还不容易受伤，要是走在外面摔倒，就要把腿磕碰，就不能穿裙子了。"听到妈妈耐心的说话，甜甜忽闪着大眼睛，最终点点头，说："好吧，我把鞋子换过来。"

甜甜之所以固执地不愿意换过来鞋子，是因为她并不觉得自己穿鞋

子的顺序错了，而是认为自己穿鞋子的顺序是正确的。在这种情况下，甜甜当然会坚持自认为正确的决定，也会因此而与妈妈产生争执。妈妈很聪明，借着甜甜摔倒的机会，告诉甜甜鞋子次序穿错，很容易摔倒受伤，因而对甜甜展开及时的引导和纠正。正因为如此，甜甜才能听从妈妈的建议，当即把鞋子换过来。当孩子处于敏感期，他们的自尊心也很敏感，因而父母强制要求孩子并不能起到好的效果，唯有尊重和理解孩子，也真正平等对待孩子，才能更好地陪伴孩子成长。

孩子的敏感期不仅是孩子的敏感期，也是父母需要调动智慧陪伴孩子成长的关键时期。如果父母对于孩子的敏感期懵懂无知，则会无形中耽误孩子在敏感期的成长；如果父母不了解孩子的敏感期，更不知道孩子各种奇怪的行为从何而来，则不能给予孩子理解和尊重，甚至有可能与孩子之间爆发冲突，导致亲子关系紧张恶劣。因而当孩子进入敏感期，父母一定要坚持学习，更多地了解孩子的身心发展规律，才能了解孩子的言行举止，也才能与孩子之间进行心灵的沟通。

其实在成长的道路上，如果父母不能理解孩子，则孩子往往是孤独的。如今大多数家庭都只有一个孩子，导致孩子在成长的过程中缺乏陪伴，退一步而言，即使孩子有同伴，同伴也无法站在更高的角度上给予孩子成长的引导。只有父母能充当孩子成长引路人的角色，也能够给予孩子更多的理解和尊重，并且跳脱到孩子的成长之外，理性审视孩子的成长。当父母充满智慧，知道孩子在特定阶段所经历的敏感期，那么他们就会更加深入孩子的内心，也以全新的视角观察孩子的成长，理解孩子在成长中的各种表现。反之，假如父母对于孩子的成长总是怀着无动于衷的态度，也不愿意以学习的姿态跟上孩子成长的脚步，那么日久天长，父母就会被快速成长的孩子远远地甩下，也会导致孩子的成长面对更多的困境。

很多细心的父母还会发现，当孩子处于敏感期的时候，他们的情绪也同样是敏感多变的。为了给孩子健康快乐的童年，父母还要敏感地觉察孩子的情绪变化，也在必要的时候有效地舒缓孩子的情绪，这样孩子才能摆脱情绪的困扰，也真正快乐独立地成长。有些父母总是忽视孩子的情绪，觉得孩子还小，没有那么多情绪问题需要解决。实际上，孩子虽然小，但是他们的情绪非常敏感，父母唯有真正用心地关注孩子的情绪，也有的放矢地以智慧与孩子进行心灵的沟通，才能保障孩子的身心健康，也才能让孩子在成长的过程中收获更多快乐。

爱和自由，是孩子所需要的

负责带养甜甜的奶奶发现，自从三岁之后，甜甜就特别喜欢爬高。不但走路的时候专门挑选高低不平的地方走，而且在家里也总是爬到很高的地方往下跳，尤其是把家里的沙发当成了自己的跳跳床，总是不停地在上面跳来跳去。因为担心甜甜会摔倒磕伤，奶奶总是提醒甜甜不要蹦跳，而且在甜甜有一次在沙发上蹦跳摔下来之后，禁止甜甜站到沙发上蹦跳。甜甜在家中不能自由活动，感到非常苦恼，时常蔫头耷脑、百无聊赖。

后来，妈妈发现甜甜突然间变得老实了，为此询问奶奶情况，这才知道奶奶不让甜甜在家里自由活动，也不让甜甜蹦蹦跳跳。妈妈得知情况后，对奶奶说："妈，甜甜正处于空间探索的敏感期，您不要过分限制她。在保证安全的情况下，可以让她自由活动，这对于孩子的成长有好处。就是这样一来您会比较辛苦，您白天不要做家务，家务等着我下班回家来做，这样就可以有更多的时间看着她。”在妈妈的讲述下，奶奶才意识到甜甜似乎进入了空间探索的敏感期，因而再也不那么严格地限制甜甜，而是放下家务活，专心致志地陪着甜甜成长，也守护甜甜的安全。

在这个事例中，妈妈的做法非常正确。因为甜甜的确已经进入空间探索敏感期，在这个期间，孩子的很多行为动作未免有些怪异，父母不要一味地禁止孩子，而应该帮助孩子满足内心发展的需要，从而让孩子在特定的时期获得更好的发展。

孩子的敏感期并不只有蒙台梭利所列举的九个，对于大多数孩子而言，他们每一个能力的发展都意味着他们进入了相对应的敏感期，唯有抓住敏感期的机会，刺激他们的能力不断发展，也让他们在玩耍的过程中锻炼自己的相应能力，不断地提升和完善自己，这样孩子才能全面健康地成长。否则，就像事例中的奶奶一样总是限制甜甜运动，那么长此以往，甜甜的空间感觉就得不到很好的发展，也会导致甜甜在成长的过程中，空间能力有所欠缺，这甚至会影响她以后的生活。当然，奶奶是因为担心甜甜的安全，才会禁止甜甜过度运动。在从妈妈口中了解甜甜正处于成长的特殊阶段之后，奶奶也就不会一味地禁止甜甜运动。父母需要注意的是，一味地限制和禁止孩子，并不利于孩子的成长。父母最应该做的是为孩子营造一个健康安全的成长环境，然后耐心地等待孩子在这个环境中探索，让孩子遵循自己内心的节奏去决定成长的脚步是快还是慢。尤其需要注意的是，不要给孩子在敏感期的探索带来障碍，否则就会扰乱孩子成长的节奏，也会给孩子在敏感期的成长起到负面的作用，形成阻力。

既然敏感期这么重要，很多父母在孩子的敏感期总是特别紧张，恨不得让孩子在敏感期内快速地成长。实际上，敏感期尽管对于孩子的成长非常重要，也的确需要父母慎重对待和引导敏感期的孩子，但是凡事过犹不及，当父母过于看重孩子的敏感期，在敏感期内对孩子横加干涉，或者督促过度，反而会起到相反的效果，导致孩子的成长事与愿违。

对于孩子的敏感期，父母尽管要重视，但是要给予孩子适度的引导，而不要对孩子过多地干涉。如果父母总是从自身的角度出发，无所顾忌地约束孩子，导致破坏了孩子的敏感期，使得孩子无法自由顺利地成长，那么孩子的敏感期规律也许会被打破，甚至敏感期还会提前结束。这样一来，父母就无法满足孩子在敏感期的需求，也会导致孩子理应在敏感期顺利发现的能力受到禁锢。例如，当孩子处于自我意识敏感期，对于很多事情他们都想独立自主地做出决定，而父母偏偏要强迫孩子按照他们所想的去做，根本无视孩子自我意识发展的需要，在这种情况下，孩子当然会感到非常苦恼，也会导致自我意识发展不足，此后性格变得胆小怯懦，唯唯诺诺。反之，假如父母非常理性，能够尊重孩子自我意识发展的需要，给予孩子更多的关切和照顾，也尊重孩子的意志和选择，则孩子的个性就会更加成长和完善，也在生命的历程中收获成长和成熟。对于孩子而言，身体的日渐强壮未必意味着他们更加坚强独立，而唯有精神上的成长和独立，才代表他们的内心真正走向成熟，也可以独自坚强地面对这个世界。

对于每一个孩子而言，爱与自由都是他们成长的最好环境。在爱与自由之中，孩子们才能如同鱼儿在水中一样自由的呼吸，自由地成长。如果缺乏爱与自由的环境，孩子的成长就会遭遇很多阻力，也会导致成长的过程不那么顺利。因而明智的父母会为孩子营造爱与自由的成长环境，也会在保障孩子安全的情况下，静静等待孩子不断地成长，甚至犯错误、碰壁，因为这一切都是孩子在成长过程中注定要经历的。

帮助孩子，而不要控制孩子

这一天，妈妈与乐乐之间发生了激烈的争吵。原来，乐乐想让妈妈帮他在京东上购买一块手表，而乐乐选好手表的时候妈妈正在洗澡，等到妈妈洗完澡乐乐又已经睡着了，所以他们没有及时对于手表的购买进行确认。次日，乐乐去上学了，妈妈在准备下单购买手表的时候，发现乐乐选中的手表是小号的。十二岁的乐乐已经长得比妈妈还高了，因此，妈妈自作主张为乐乐购买了大号手表。没想到，等到乐乐放学回家之后，看到妈妈为他购买的手表，不由得当即歇斯底里起来。乐乐生气地质问妈妈：“你为什么要给我购买这款手表呢？我不喜欢。你还是退掉吧，或者爱给谁给谁，我就是不要。”妈妈也觉得很委屈：“我是因为担心你没看到你选的是小号的手表，所以才好心给你买了大号的手表，你真是狗咬吕洞宾，不识好人心啊！我买这款手表，还多花了好几十元钱呢！你要是不喜欢，我就送给乔阿姨家的孩子，他还求之不得呢！”乐乐还是情绪激动，说：“爱送给谁送给谁，我都这么大了，还非要为我做决定！”

听到乐乐把问题上纲上线，妈妈也气愤起来：“什么叫我代替你做决定啊？我是误以为你不知道你选择的手表是小号的，才好心帮你买了大号的手表。如果我知道你就是想买小号的手表，我还坚持要求你买大号的，那才叫代替你做决定，知道吗？”就这样，妈妈和乐乐之间发生了争吵，闹得很不愉快。

乐乐的情绪为何这么激动呢？妈妈很难理解，因为妈妈觉得自己是好心办了坏事，并不是非要代替乐乐做决定的。在被乐乐扣上大帽子之后，妈妈原本还能耐心地解释，也突然火大起来，因而不愿意接受乐乐的批评。妈妈也想不通，乐乐有什么必要这么生气呢，手表买错了，只需要换一款即可，也完全没有必要这么气愤啊！

实际上，当孩子处于敏感期的时候，他们的情绪往往也是非常激动和易怒的。在这个阶段，父母不要总是强求孩子，也不要总是对孩子颐指气使。唯有爱与尊重，才能让孩子激动的情绪恢复平静，因而父母对孩子也要有足够的耐心。父母一定要记住，自己无法代替孩子成长，唯一能做的就是安抚孩子的情绪，给孩子的成长提供更加便利的条件，从而抓住各种机会培养孩子独立做出选择、面对难题的能力。在这种情况下，孩子当然会更加快速地成长，也会因为与父母之间关系友好，而对于孩子的成长起到积极的作用和影响。父母要想与敏感期的孩子建立更加和谐融洽的关系，一味地压制孩子是不可取的，唯有站在孩子的角度上思考问题，也基于敏感期的出现调整教育和引导孩子的方式，才能融洽亲子关系。不得不说，在孩子很多的特殊成长阶段，父母所要做的就是默默地陪伴和关注孩子，做好孩子的坚强后盾就好。

在认识到敏感期的重要作用后，每个父母都希望能够抓住敏感期的机会，给予孩子适度的引导，有效促进孩子成长。父母望子成龙、望女成凤的心情当然是可以理解的，但是对于孩子而言，成长不能规划。孩子的成长有自身的规律，也有内在的节奏，父母不能打乱孩子的成长节奏，而应该帮助孩子更好地成长。由此可见，父母要想帮助孩子度过敏感期，首先要端正心态，不要试图改变或者控制孩子的成长，而是要让自己作为陪伴者和旁观者，在合理的距离，默默地关注孩子的成长，也想方设法为孩子的成长提供最大的便利条件。

在孩子长大成人之前，父母是孩子最好的陪伴者，也是为孩子支撑起人生天空的人。对于孩子的成长，每个父母都想倾尽全力，但是对于孩子的未来，却没有父母能够真正起到把控的作用。对比自己的人生，父母们就会知道，一个人甚至无法完全控制自己的人生，又如何能够规划和控制孩子的人生呢？所以父母在陪伴孩子成长，为孩子营造良好生存环境的同时，要注意学会站在孩子的角度思考问题，而不要总是以自己的想法揣度孩子，或者先入为主误解孩子的行为表现。尤其是如今家庭条件好了，很多孩子都有独立的卧室，那么父母在为孩子布置卧室或者书房的时候，就要考虑到孩子的喜好和实际的需求。归根结底，孩子的成长离不开父母的照顾，当父母为孩子营造一个健康良好的环境，也给予孩子更大的成长空间时，孩子们就能够感到生命力的顽强，也就能够因为需求得到满足，而坚持不懈地进步和成长。

此外，还需要注意的是，孩子虽然小，也能够根据自身的需要做出本能的选择。这是因为敏感性在告诉孩子他们需要什么，因而当很多父母自以为理性地代替孩子做出看似明智的选择时，实际上这样的选择并不符合孩子的需要，也不能让孩子感到满足。例如有些孩子挑食，除非是没有养成良好的饮食习惯，否则父母完全可以让孩子吃自己喜欢的食物，只要不影响孩子的身体健康即可。为何父母可以自主选择喜欢吃的食物，而总是对于孩子提出过分的要求，甚至规定孩子只能吃什么、不能吃什么呢？这是孩子的权利和自由，父母理应对孩子表示尊重。再如，在面对很多选择的时候，有些孩子是很有主见的，父母虽然不觉得孩子的选择是错误的，却觉得孩子的选择没有他们的选择那么明智。在这种情况下，父母切勿干涉孩子的选择，既然父母不可能永远代替孩子选择，也不能认定孩子的选择就一定是错的，那么父母就要更加尊重孩子，也尊重孩子的选择。不要因为觉得孩子的选择是不合理的，也是不够明智的，就否定孩子的选择，很多时候父母自认为好的选择，对于孩子的成长未必会起到预期的作用。在这种情况下，把选择的权利交给孩子，是父母对孩子最好的尊重与最深刻的爱，也能够对于孩子的成长起到积极有效的推动作用。

耐心陪伴，帮助孩子度过敏感期

有一天，妈妈接了小宝在从幼儿园回家的路上，小宝突然对妈妈说："妈妈，我们结婚吧！"这句话简直把妈妈吓到了，她不知道小宝才五岁，为何会提出要和妈妈结婚这样的荒唐请求呢。妈妈误以为小宝在幼儿园的生活中受到了什么刺激，因而当即打电话询问老师小宝在幼儿园里的表现情况。老师向妈妈证实小宝在幼儿园里的情况一切正常，为此，妈妈更加困惑：小宝到底是为什么会提出这种请求的呢？

回到家里，妈妈把小宝的情况告诉爸爸，爸爸也一筹莫展，不知道小宝怎么会提出这样的请求。后来，爸爸灵机一动想起自己有个高中同学就是心理学专家，因而当即打电话向同学询问小宝的情况。听到爸爸紧张的陈述，同学不由得笑起来，说："你们这对父母也太粗心大意了吧，不知道现在流行的教育理念——敏感期吗？五岁，正是孩子的婚姻敏感期，很多孩子都会对婚姻产生初步的认识和本能的向往。所以有些孩子提出要和爸爸妈妈结婚，还有些孩子在幼儿园里和小伙伴们过家家，提出要和小伙伴们结婚。还有的孩子会要求和老师结婚呢，这都没什么奇怪的。”爸爸紧张的心这才放松下来：“我们还以为他是看到或者听到什么事情，受到不良影响，才会有这样的异想天开呢！”同学说：“老同学，建议你还是看一看关于幼儿教育的书籍，现在有很多新的理念呢，就算是囫囵吞枣了解一些，也不至于那么紧张和慌乱了。时代在进步，社会在发展，现在的孩子和咱们小时候截然不同。与其被孩子弄得措手不及，还不如提前做好准备，才能对孩子的成长做到心中有数，你说呢？”爸爸连连点头，觉得老同学说得很有道理，当即让老同学为他推荐了几本关于儿童心理的书。

事例中，小宝正是进入了婚姻敏感期，才会对妈妈提出结婚的请求。假如能够提前了解关于婚姻敏感期的知识，爸爸妈妈就不会这么慌乱，也了解为何孩子想要与最亲近的人结婚了。其实孩子在对婚姻产生本能的憧憬之后，他们因为交往的人很少，日常生活中主要与父母、老师、小伙伴等相处，所以他们想要与这些关系亲密的人结婚也是完全可以理解的。有些孩子主要由爷爷奶奶负责带养，那么他们还会提出要与爷爷奶奶结婚。细心的父母还会发现，五六岁的孩子很喜欢玩过家家的游戏，与小伙伴们分别饰演孩子、爸爸、妈妈，甚至还有爷爷、奶奶、老师等，这让他们感到很新奇有趣，因而也总是对于过家家的游戏乐此不疲。

在了解了敏感期的相关知识之后，很多父母在陪伴孩子度过敏感期的过程中，都会情不自禁地抱怨：“我家孩子的敏感期怎么那么长，到底什么时候才会结束啊？”“我家孩子能不能不敏感了，简直太难熬了。”除了这样的抱怨之外，也有的父母会期盼某些特定的敏感期快快到来，他们会说：“我家孩子的绘画敏感期什么时候才能出现呢，我真想知道他是否热爱绘画，是否能够成为一名画家呢！”“我希望孩子的文化敏感期早早到来，因为我想教会他读书、背诵古诗，我想让他学富五车、才高八斗啊！”实际上，父母不管是抵触敏感期的到来，还是盼望敏感期的到来，都无法左右和控制敏感期到来的时间。只有孩子自身的成长，才能真正决定敏感期什么时候出现，又会持续多久才能结束。

明智的父母知道，孩子的成长有自身的规律可循，也有内在的节奏需要遵守。这是生命的特性决定的，不管是父母还是孩子自身，都无法左右和控制生命的成长阶段和进步的节奏。当父母过分在乎孩子的敏感期，或者过于强调敏感期对于孩子成长的作用，孩子可能会在父母不切实际的期盼或者对敏感期的恐惧中，变得畏缩不前，甚至打破他们自身成长的规律。如果孩子因为敏感期的到来而受到严重的伤害，不得不说这对于孩子的身心发展，尤其是对于孩子的情感和情绪，都是没有好处的。父母必须认识到，敏感期是生命中特定的阶段，具有神奇的作用，在敏感期中，孩子的成长更加微妙，每个孩子都不能对敏感期一跃而过，也不能按照自己的心愿沉浸在敏感期之中。作为父母，唯有给予孩子耐心的陪伴，才能帮助孩子顺利度过敏感期，也才能让孩子的成长事半功倍。

第 02 章

幼小的孩子容易受伤，敏感期要多加预防

如今，大多数家庭都只有一个孩子，甚至很多孩子的父母本身就是独生子女，因而在典型的“4+2+1”家庭结构中，随着新生命的到来，全家人都会沉浸在极端的喜悦之中，对于孩子的成长，也给予了充分的关注和重视。然而，孩子并非只需要满足吃喝拉撒就能健康成长的，父母除了要关注孩子的生理需求之外，更要关注孩子的心灵健康。唯有如此，孩子才能身心健康地成长，也收获生命的快乐与喜悦。

以稳定的情绪对待婴儿

才三个月的果果出现了夜哭的坏习惯。几乎每个晚上，她都会半夜里从睡梦中惊醒，也总是不停地哭泣。爸爸妈妈对此简直无计可施，除了不停地抱着果果走来走去之外，他们只能看着果果歇斯底里地哭泣。在这样的情况持续一段时间之后，妈妈实在忍无可忍，决定带着果果去医院进行全面检查，看看果果是否哪里有不舒服的地方。毕竟果果还这么小，对于自己的需求也根本说不清楚。

在医院检查之后，儿科专家告诉妈妈果果一切正常，没有任何地方是不舒服的。专家提醒妈妈："白天，你带孩子和以往有什么不同吗？"妈妈想了想，先是摇头否定，后来突然想起来什么，对专家说："三个月之后，我在培养她定时吃奶的习惯。"专家问："那么在此之前呢？"妈妈回答："在此之前都是按需喂养，饿了就吃。不过我马上要上班了，将会由老人负责带她。我担心老人喂奶粉把握不好时间，就想给她养成定时吃奶的好习惯。"儿科专家恍然大悟："难怪，是因为饮食习惯的突然改变，孩子才会缺乏安全感，导致睡着之后也惊醒啼哭。你想给孩子养成定时吃奶的习惯固然没错，但是时机错了。此前你一直是母乳喂养，孩子随时饿了随时吃，因而已经养成了饿了就要吃的习惯，也能够从吃奶的行为中得到安全感。现在，你不但不能满足孩子进食的需求，而且也给孩子的内心带来深刻的不安全感，所以孩子才会很不适应。”听了医生的话，妈妈觉得很为难，问医生：“那么，我到底要怎么做呢？”医生说：“你恢复以往的喂奶习惯吧，否则孩子一旦缺乏安全感，会有很多问题随之产生。你要记住，孩子只有拥有良好的情绪，才能茁壮成长。否则一旦情绪出现问题，孩子陷入焦虑和恐惧之中，就会由此导致很多糟糕的情况。”

在这个事例中，妈妈突然给才三个月的果果改变饮食习惯，导致果果在饥饿的情况下得不到饱腹，也由此陷入紧张和恐惧的情绪中。其实，不仅是孩子面对这样的情况会觉得很为难，就算是成人如果生活习惯突然改变，或者原本的安全感失去了，也会感到紧张焦虑，甚至严重不适应。因而作为新手父母在抚育孩子的时候，固然要学习一些新的知识，从而弥补自身经验的不足，但是任何新的知识都不能完全指导父母。父母一定要以孩子为本，不管做什么事情都从孩子自身出发，从而更有的放矢地照顾孩子，也让自己的给予符合孩子的需求，满足孩子的需求。

当新生命呱呱坠地，他们就开始了快速成长的过程。在最初的两周时间里，新生儿随着生长，开始出现条件发射。等到两个月之后，他们进入情绪发展阶段，在吃饱喝足、身体舒适的情况下，他们情绪愉悦，常常表现出开心的样子。相反，如果有某些生理需求没有得到满足，或者觉得心情不好，他们就会持续哭闹。面对婴儿不间断地哭闹，父母往往会抓狂，尤其是对于新手父母而言，他们不知道如何才能判断出孩子哭闹的原因。实际上，对于新生儿而言，当他们苦恼的时候，往往是觉得身体不舒适，或者是饿了，或者是撒尿了，拉臭了，这些都会让他们感到很不舒服。因为哭闹实际上是新生儿的语言，新生儿正是在以这样的方式告诉父母，他的身体有新的需要，也在呼唤父母照顾他。

对于婴幼儿而言，父母是最爱他们的人，也是他们从出生之后唯一可以依赖的人，所以父母对于婴幼儿意义非凡，是婴幼儿的天地，也为婴幼儿支撑起整片天空。然而，父母尽管全心全意地爱着孩子，也愿意为了孩子付出一切，但是在抚育孩子成长的过程中，面对还不会说话又情绪无常的婴幼儿，很多父母都忍不住抓狂，甚至还会对孩子发怒。不得不说，才几个月的孩子不是故意吵闹的，但是他们却能够感受到父母的情绪。当父母对孩子的情绪阴晴不定时，孩子的情绪一定会受到影响。有的父母在有时间的情况下，会逗弄着孩子一起玩耍，对孩子表现出很温柔的样子；但是一旦工作忙碌起来，也许会接连好几天都看不到孩子，也不会与孩子一起玩耍。不得不说，这样忽冷忽热的表现，对于帮助父母与孩子建立良好的关系和深厚的感情，丝毫没有好处。很多父母误以为孩子还小，不会对他们产生过分的依赖，实际上即使是小小婴儿也能感知父母的情绪，也会对父母产生深深的依赖。

这里必须指出的是，有些新手妈妈总是迷信各种育儿书，例如对于才出生没多久的孩子就坚持定点喂奶。即使孩子饿得哇哇大哭，她们也不给孩子喂奶。这样一来，婴儿总是要经过很长时间的哭泣，才能得到食物和父母的照顾，渐渐地他们失去安全感，总是哭闹不止。有些婴儿喜欢哭闹，正是因为他们缺乏安全感导致的，他们潜意识里想要通过哭闹的方式吸引父母的关注，即使长大成人，也依然会陷入这样的情绪怪圈之中，甚至总是想霸占父母，给自己更强烈的安全感。不得不说，襁褓时期的情绪问题，甚至会影响到孩子们长大成人后的各种表现，也会对于孩子的人际关系起到一定的负面作用。很多成人之所以有各种各样的心理问题，就是因为他们不知道如何才能获得安全感，也因为对于父母的最初记忆，让他们对于人际关系都心有余悸。曾经有育儿专家指出，对于小小的婴儿而言，再怎么宠爱都是不为过的。想想吧，婴儿在母亲温暖而又黑暗的子宫里生活了十个月，在此期间一直享受温暖和安静的生存环境，但是却随着出生而进入一个冷冰冰的环境中，而且周围人声嘈杂。在这种情况下，如果让婴儿忍受饥饿、寒冷，他们必然会感到不安，也会因此导致情绪问题产生。

婴儿也能感知父母的情绪

豆豆六个月了，妈妈最近发现豆豆学会看人脸色行事，这让妈妈觉得很新奇，也让妈妈感受到豆豆的成长，感到非常欣慰。其实，妈妈的发现纯粹出于偶然。有一天，妈妈抱着豆豆去小区的广场上晒太阳，一边晒太阳，一边和一个熟悉的宝妈聊天。豆豆看到妈妈在笑着说话，以为是在和他聊天呢，因而也高兴地咧开嘴巴笑起来。妈妈认为豆豆的心情很好，还特意逗了逗豆豆。

没过多久，宝妈离开了，妈妈没有人聊天，因而表情变得严肃起来，注视着不远处的一株樱花，入神地看着。当妈妈把视线收回来，意外地发现豆豆一本正经，表情也很严肃。妈妈觉得很有趣，不知道豆豆为何会这样。为了验证豆豆“察言观色”的能力，妈妈再次对豆豆绽放笑容，果然豆豆也咧开嘴巴笑起来。而当妈妈故意表现出严肃的样子时，豆豆也马上面色凝重，似乎遭到妈妈的批评一样，看起来很紧张。在几次验证之后，妈妈这才断定才六个月的豆豆真的已经学会看人脸色了。从此之后，妈妈总是以笑脸面对豆豆，果然豆豆也成为了笑口常开的开心果。

很多父母误以为婴儿不会感知情绪，实际上，婴儿在出生两个月后就产生了情绪，与此同时，他们对于情绪的感知能力也越来越强。在这种情况下，父母不管出于何种原因，都不要总是对婴儿板着脸，表现出冷漠的样子。父母唯有以更好的情绪对待婴儿，也给予婴儿更好的情绪表现，婴儿才会模仿父母的样子也笑起来，让自己始终拥有好心情。

尽管大多数孩子都是在父母的期盼中降临人世的，但是也有些不那么幸运的小生命，他们在出生之前并不是全家人的希望所在，而是妈妈一个人沉重的负担和无法推卸的责任。为此，这些小生命降生之后并没有得到妈妈的欢迎，反而常常会被妈妈嫌弃。也许他们是没有爸爸的，或者不知道爸爸在哪里，这就注定了他们的降生是不受欢迎的。还有些孩子尽管有爸爸也有妈妈，但是依然不被欢迎。例如，有的爸爸妈妈还没有结婚，或者年纪还小，还没有做好准备迎接新生命的到来。还有的爸爸妈妈已经有太多的孩子，无法继续负担养育孩子的重任，为此他们也会对小生命的降生带着不那么友好的情绪。

在诸多的复杂情绪中，孩子们降临人世之后才发现，等待着他们的不是父母无微不至的爱与照顾，而是讨厌、嫌弃和冷漠。很多父母对于孩子的感知能力都认知不够深刻，他们误以为小小的婴儿感知能力有限，也根本无法感知各种复杂微妙的情绪。为此，他们从不在婴儿面前掩饰自己的嫌弃，还有的父母会把孩子交给老人负责养育，让孩子从一出生就缺乏父爱、母爱。在这种情况下，婴儿如何能够感知父母的爱，并且在父母的爱中健康快乐地成长呢？

如今，随着社会的发展，经济的进步，很多农村的年轻人都离开家，去繁华的大都市打工。他们背井离乡，也离开老人和孩子，把孩子完全托付给老人抚养。长此以往，孩子作为留守儿童每年才能见到父母一两次，与父母之间进行短暂的接触，可想而知与父母之间的感情会非常淡漠。与此同时，他们对待人际关系也很被动，不愿意主动与他人交往，也不愿意主动对他人付出自己的爱与热情，这又是为什么呢？曾经，有一个留守的女孩已经读初中了，在人际关系方面面对很大的困境，总是尖酸刻薄，无法与同学们搞好关系。每当被同学指责不能与同学友好相处时，她总是辩解："你们对我从来都没有爱，我为何要给你们爱呢？"孩子的话听起来尽管孩子气，但是却很有道理。

如果说这个世界上还有一种爱是无私的，是无条件付出的，那么就应该是父母对孩子的爱。当孩子作为弱小的生命来到这个世界上，对于父母的爱充满无限的憧憬和渴望，但是他们却没有如愿以偿地得到父母的爱，而且因为父母的冷漠和自私，他们也渐渐地对这个世界充满憎恨，更不愿意打开心扉去热爱这个世界。不得不说，这是父母与子女之间相处的弊端，也是父母对孩子的冷漠导致的恶果。无论出于怎样的原因，父母都不要对孩子表现出持续的冷漠，否则哪怕是小小的婴儿也会对父母的情绪有所感知。要想让孩子的心中充满爱，父母就要首先给予孩子爱，让孩子在充满爱与自由的环境中成长，孩子才能生活得更好，也才能成为身心健康的生活强者。

男宝宝和女宝宝的智力分布情况

受到封建思想重男轻女观念的影响，很多父母都在潜意识里认为男孩的智力水平要高于女孩，或者认为虽然女孩小时候比男孩发育更早，智力水平更高，但是随着年纪的增长，男孩还是会比女孩更聪明。更有些父母毫不掩饰地说，女孩在小学阶段因为身心发展速度更快，所以比男孩占据优势，而一旦进入高中之后，女孩在发育领先方面的优势就不复存在，反而男孩因为晚熟，所以在高中阶段会表现出后来居上的势头。事实果真如此吗？很多心理专家对此展开研究，发现男孩与女孩尽管在身心方面存在很大的差异，但是这些差异并不影响他们的智力发育，也就是说男孩与女孩在智力发育方面是完全平等的。由此可见，所谓男孩比女孩聪明，只是人们的封建思想在作怪，也或者是说因为人们不了解男孩与女孩身心发展的特点导致的。

人的智力活动是纯粹的脑力活动，看起来，智力活动似乎与身体的基础没有太大的关系，而实际上，身体发育是否完善对于孩子的智力会产生很大的影响。当然，对于身心健康的孩子而言，脑部活动的基础就是大脑结构和大脑机能，既然男孩与女孩在这两个方面的发展都是相同的，那么男孩与女孩的智力也相差无几。之所以不同的生命个体在智力方面会存在差异，是因为他们的身体发育情况、大脑结构和大脑机能不同，因此每个人才会表现出不同的样子，每个人也才会在生命的历程中做出独属于自己的成就。

具体而言，男孩与女孩在智力方面的差异主要表现在以下几个方面。首先，男孩之中智力相差较大，很多男孩的智力水平相差悬殊，而在女孩之间，智力水平的分布更加均衡，也就是说大多数女孩的智力水平相差不大。其次，通常情况下，男孩的视觉分辨和视觉空间能力比较强，而女孩则更擅长触觉、痛觉和听觉分辨。在语言表达方面，女孩会更早说话，语言表达能力相对较强，而且女孩对语言非常敏感，词汇量也往往更加丰富。相比之下，有一些男孩说话很晚，而且常常出现结巴的情况。但是男孩并非没有优势，男孩很擅长逻辑思维、抽象思维和创新思维，而且动手能力很强，尤其喜欢以生活中常见的各种小物件作为对象，锻炼自己的动手能力。女孩则擅长形象思维，在考虑问题的时候认真细致，也能够考虑到各个方面的细节。由此可见，男孩与女孩在智力发育方面存在一定的互补。最后，在表现天赋方面，女孩更擅长表演，而男孩则擅长运动。这是为什么女孩更喜欢唱歌和舞蹈，而男孩则热衷于跆拳道、武术以及各种运动项目的原因。

总而言之，男孩与女孩尽管在智力发育方面是完全平等的，并不存在谁更强、谁更弱的差异，但是他们在智力发育方面的表现却是截然不同的。在教养孩子的过程中，父母要更加用心细致地观察孩子，也给予孩子恰到好处的激励和引导，从而才能激发孩子的潜能，让孩子的智力发育更好。只有一视同仁地对待男孩与女孩，也了解男孩与女孩在智力发育方面的特点，从而才能有的放矢，引导孩子身心健康，变得更聪明、更机智。

不要过早开发孩子的智力

随着几十年前计划生育的推行，大多数家庭都只有一个孩子，为此，他们为这个孩子倾注了所有的心血，也付出了几乎全部的时间和精力。尤其是在传统的男主外、女主内的家庭模式下，作为妈妈，在有了孩子之后更是一心扑在孩子身上，即使是全职工作的妈妈，也会调整工作的重心，更多地把时间和精力用于孩子身上。正是因为各个家庭和所有父母对于孩子教育的重视，因而如今越来越多的早教机构如同雨后春笋般涌现，而大部分父母也都意识到对孩子进行智力开发的重要性，所以迫不及待地为孩子选择亲子班、早教班等各种培训机构，以帮助孩子开发智力，给予孩子更好的引导和指导。

然而，人生真的有起跑线吗？为何父母总是担心孩子会输在起跑线上，因而过分紧张，也患上严重的教育焦虑呢？实际上，退一步而言，就算人生真的有起跑线，人生也是马拉松长跑，需要的是耐力和毅力，而不仅仅是百米短跑，靠的是爆发力和冲刺的能力。既然如此，父母还有什么必要为了让孩子在起跑线上领先短短几步，就对孩子的成长揠苗助长，导致孩子在成长过程中非常被动呢？父母唯有尊重孩子的天性，也尊重孩子成长的规律和内心的节奏，才能给予孩子适度的引导和最佳的陪伴，也才能对于孩子的成长起到积极的助力作用。

教育专家和心理学家经过研究证实，当父母过早地对孩子展开早教，尤其是很多父母会教会孩子读书识字、做算数题目等，则孩子们非但不能卓有成效地学习，反而会因为父母不恰当的教育方式和方法，给孩子的心灵带来伤害，也影响孩子未来的成长和发展。虽然孩子还小，但是他们却正在经历人生中重要的时期。在婴幼儿时期，孩子正在形成各个方面的能力，以及形成情绪等。在这种情况下，父母要做的是引导孩子快乐地感受生活，让孩子听听鸟语花香，接近大自然，这对于孩子的成长都有很多好处。而不是要填鸭式地教会孩子知识，从而让孩子稚嫩的心灵不堪重负。当孩子的身心发展不够完善的时候，就背负着沉重的学习压力和生活重担，非但不利于他们的身心发展，而且会导致他们陷入各种负面的情绪之中无法自拔，也会导致他们在面对自身的兴趣爱好时，也完全提不起兴致来。父母一定要端正态度，要尊重孩子的成长规律和内心节奏，而不要一味地逼迫孩子陷入学习的怪圈中。如果父母不能尊重孩子的自然成长，而非要控制孩子的成长节奏，就会给孩子带来压力，让孩子小小年纪就出现很多的心理行为问题。

从孩子身心发展的角度而言，孩子在三岁之前应该是完全释放天性，不去记忆那些看似有价值的东西，而在孩子五岁之前，也无须提前读书识字。孩子的成长就像是一个已经设定好河道的水流，在相应的地点就会做出相应的行为，根本无须父母揠苗助长。当然，这里所说的只是普通的规律，对于某些有特殊天赋的孩子而言，父母也无须多加干涉。例如有的孩子记忆力很好，不知不觉中就记得了古诗词，也认识了一些字，甚至还有的孩子五岁就可以独立阅读。只要不是父母刻意达到这样的目的，孩子顺着天性去早记忆、早识字，都是没关系的。现实中的很多事情都向我们验证了孩子早慧的坏处。例如，每隔几年就会有所谓的天才少年出现，他们小小年纪就考入大学，在学习上出类拔萃。但是，也许这些天才真的在智力方面有超常的表现，实际上，他们在心智方面却没有完全成熟。有些父母一看到自己的孩子独具天赋，马上就刻意发展孩子的天赋，也过度透支孩子在某一个方面的能力。最终，孩子也许在某一个方面出类拔萃，但是实际上他们却完全陷入成长的困境，也因为心智不成熟而陷入被动。从这个角度来看，父母一定要尊重孩子，不要违背成长的规律，刻意地让孩子成长。就像竹子一样，也许长得很快，但却完全是空心的，很容易就会被折断，不得不说这对于成长而言是本末倒置的，甚至还会导致成长更加不顺利。

除了极个别的天才之外，父母不要总是轻易认定自己的孩子在某些方面有特殊的才能。允许孩子按部就班地成长，这是作为父母的智慧，也是对孩子的成长负责任的态度。尤其是很多过早的教育还会导致孩子们出现自闭的倾向，不得不说，这对于孩子的成长是莫大的伤害，也会给孩子的心理健康带来不可消除的负面影响。作为父母，一定要对孩子的成长更加小心翼翼，才能最大限度地保护孩子的身心健康，也为孩子的成长保驾护航。

溺爱，是对孩子最大的伤害

从小，爸爸妈妈就很溺爱豆豆，因为豆豆是他们唯一的孩子。与此同时，豆豆也得到了爷爷奶奶、姥姥姥爷全部的爱，因为他也是爷爷奶奶唯一的孙子，是姥姥姥爷唯一的外孙子。在这种典型的4+2+1家庭结构中，豆豆得到了所有人的爱，也成为所有人的眼珠子、心尖子和命根子。在无限的疼爱之中，豆豆变得越来越骄纵任性，不管做什么事情都要由着自己的性子来，而根本不考虑任何人的想法。

有一次，妈妈带着豆豆去商场玩。走着走着，豆豆看到一家卖冰淇淋的摊位，豆豆当即要求吃冰淇淋。妈妈给豆豆买了一个香草味冰淇淋，然而才吃了两口，豆豆看到另外一家有卖巧克力味道的冰淇淋，因而当即又闹着让妈妈给他买巧克力味道的冰淇淋。妈妈虽然表示拒绝，豆豆却不依不饶，坚持要吃巧克力味道的冰淇淋。看到妈妈不同意，他还要赖地坐到地上，恨不得在地上打滚儿呢！爸爸正准备妥协，妈妈义正词严地说："不能妥协，这个孩子都是被四个老人惯坏了，简直无法无天。你这次妥协了，等到下次，他还有更多过分的要求，又该怎么办呢？"为此，妈妈气定神闲地和豆豆说："豆豆，那你就坐在这里慢慢地哭吧，反正我和爸爸不会答应你的请求，你就想也不要想了。"说完，妈妈就拉着爸爸去不远处的休息椅上坐着了。豆豆坐在地上哭了一会儿，看到爸爸妈妈无动于衷，而且坐在休息椅上有说有笑，他渐渐地停止哭声，再也不歇斯底里了。后来，豆豆自己擦干眼泪，走到妈妈面前问："妈妈，我下次再来的时候，可以吃巧克力味道的冰淇淋吗？"妈妈点点头，说："可以，下次咱们来的时候，就直接来买这个巧克力味道的冰淇淋，好不好？"豆豆这才笑起来，抱着妈妈的脖子说："妈妈，你真是我的好妈妈。"

在这个事例中，妈妈不愿意向豆豆妥协，实际上不是一个巧克力味道冰淇淋的问题，而是妈妈希望豆豆学会接受生活中的不如意，而不要总是觉得只要他开始哭闹，整个世界都会低下头向他臣服。的确，对于豆豆而言，这是至关重要的，当豆豆明白不可能凡事都顺心如意的道理，他才能接纳生命的无奈，也才能最大限度地整理好自己的思绪，帮助自己渡过难关，获得真正充实快乐的人生。

越来越多的老人开始抱怨如今的孩子太不孝顺。然而，孩子绝不是生而就孝顺，也绝不是生而就不孝顺的。每一个孩子从出生开始，就像一张白纸，是写上黑色的字迹，还是画上绚烂的色彩，这完全取决于父母。因而当作为独生子女第一代的父母渐渐地老迈，步入人生的暮年，与其抱怨孩子不孝顺，不如反思自己，在教育孩子的过程中是否走入什么误区，才导致今天孩子的不孝顺呢？

有人说，孩子是父母的镜子，的确如此。在孩子身上，父母总能找到自己的一些问题，善于反省的父母，还会发现孩子身上的很多缺点和不足，都是自己导致的。从这个角度而言，父母与其责怪孩子，不如责怪自己，毕竟作为一张白纸降临人世的孩子，是在父母的引导下才逐渐成长起来的。此时此刻，再回到文章开头的问题，我们就会隐约找到答案。孩子之所以不那么孝顺，是因为他们从出生就接受父母无微不至的照顾，也在父母全心全意的爱与呵护下成长。这样一来，他们长期被溺爱，也就没有意识要孝顺父母，更想不到父母也会渐渐地老去，也需要他们照顾的那一天。

和孩子的成长相比，孝顺父母显然是若干年之后的事情。实际上，父母对于孩子的溺爱，会给孩子造成很大的负面影响。诸如，孩子长期骄纵无度，变得越来越任性，不管做什么事情都要由着自己的性子来，也常常会歇斯底里地发脾气。被溺爱的宝宝不但性格暴躁易怒，而且在生命成长的过程中，还会陷入各种各样的困境。正如苏联伟大的教育学家马卡连科所说的，如果父母给孩子的爱不够，孩子会感到非常痛苦。但是如果父母对于孩子的爱太过度泛滥，则会彻底毁灭孩子，给孩子带来灭顶之灾。所以明智的父母从不溺爱孩子，而是对孩子关爱有度，也始终能够平静理性地对待孩子。

父母给孩子适度的爱还有一个好处，那就是当父母过度溺爱孩子时，觉得自己把所有的时间和精力都用在孩子身上，必然也会对孩子怀有过高的期望。而如果父母适度爱孩子，就不会在爱孩子的同时迷失自我，也会给予孩子适度的关心和照顾，这样一来父母当然不会对于孩子付出所有的心力，也依然保持自己的生活。这种情况下，父母才会更加理性对待孩子，也能在孩子的成长过程中扮演引导者的角色，与此同时，也能给予孩子更多的关注、理解和爱，以及自由成长的空间。

过度民主，让孩子在教育中无所适从

在特特还没有出生的时候，父母就商量好要对特特展开民主的教育，因为爸爸小时候就曾经被爷爷的“一言堂”和“专制”伤害过，所以爸爸妈妈决定给特特一个充满民主氛围、和谐友好的家。特特出生之后，爸爸妈妈也的确是这么做的。他们不仅彼此之间相敬如宾，而且随着特特的不断成长，他们也养成了凡事和特特商量的好习惯。

周末，爸爸妈妈想带着特特出去玩，趁着初春去踏青。然而，爸爸妈妈为了尊重特特，就特意征求特特的意见。不想，特特对于去哪里玩，也没有好的想法，他既想去动物园，也想去海底世界，还想去游乐场呢！爸爸和特特商量很久，特特都没有做决定，妈妈不由得着急了，说：“咱们就去游乐场吧，特特最喜欢坐摩天轮。”就这样，在妈妈的主张下，全家人都奔向游乐场。到了游乐场，特特果然玩得很开心，不但坐了两次摩天轮，还玩了很多次碰碰车呢！对于妈妈的决定，特特由衷地说："还是妈妈了解我，知道我最喜欢去游乐场玩。"

一整天的时间，全家人玩得都很开心，尤其以特特最开心。事后，爸爸问妈妈为何不征求特特的意见，妈妈说："虽然要民主，也不能过度民主。你看看，你们考虑、商量半天的时间，如果再不抓紧时间，游乐场都要关门了。"爸爸觉得妈妈说得也有道理，说："那就等到他有主意或者是特别想表达意见的时候，再让他做主。"妈妈点点头，觉得这样才是有的放矢的民主。

在这个事例中，如果妈妈一味地征求特特的意见，反而让特特很为难，也耽误全家游玩的时间。实际上，父母固然要为孩子营造民主的氛围和友好的家庭环境，但是民主也要讲究合适的时机。如果孩子本身还很小，不能自主做出选择，或者孩子对于如何选择总是拿不定主意，那么父母适度地给孩子引导，帮助孩子思考权衡做出选择，也是可行的。有的时候，父母的果断还能给孩子树立榜样，从而帮助孩子养成果决的行事作风。

在传统的教育模式下，父母总是对孩子居高临下，对于孩子的态度也是简单粗暴，无法做到真正尊重和平等对待孩子。这是因为父母认为孩子是自己生的、自己养的，所以完全把孩子当成是自己的私有物品，根本不在乎孩子的心里在想什么，也不知道孩子真正想要怎样的对待。后来，随着教育观念的不断推陈出新，父母的教育观念也有所更新，意识到自己虽然生养了孩子，孩子也因着父母来到这个世界上，但是孩子并不是父母的私有物品，也不完全归属于父母。孩子有自己的思想意识，也有自己独立的主见和选择，在这种情况下，父母既不能放任孩子的成长，也不能总是约束孩子，让孩子在成长过程中遭遇困境。唯有对孩子采取恰当的方式，父母才能更好地陪伴和教育孩子，也才能为孩子营造真正民主、和谐的家庭氛围。

然而，如果给孩子过度宽松和民主的环境，导致孩子在成长过程中性格骄纵，则不但不利于孩子身心健康地成长，对于孩子的人生也会造成严重的负面影响。例如，被骄纵的孩子很容易固执己见，也不愿意接受他人的任何意见和建议。当遇到难题的时候，他们因为从小习惯了衣来伸手、饭来张口的生活，所以承受能力很差，一旦遇到小小的障碍就会退缩，也会因此而缩手缩脚，甚至导致人生止步不前。

看到这里，也许有些父母会感到困惑：不是不允许对孩子搞“一言堂”了吗？其实，对于孩子不搞“一言堂”的问题要区别对待。首先，孩子所处的年龄阶段不同，他们的自我意识发展也是不同的。对于自我意识强烈的孩子而言，他们不愿意被父母指挥和命令，而对于年幼的孩子而言，他们还缺乏独立自主的意识，因而需要父母的扶持和建议。其次，不要过度民主不仅仅针对于父母和孩子之间的关系，也针对于父母之间的关系。尤其是新手父母一定要注意，在对于孩子的教育问题方面，一定要统一战线，而不要总是处于对立面，甚至当着孩子的面针对教育问题展开争辩或者争吵，否则一定会让孩子感到非常困惑，也根本不知道应该听谁的。如此一来，孩子就会变得无所适从。每一位父母都要为孩子营造良好的生活环境，让孩子在民主、和谐的氛围中成长，这样孩子才能身心健康，也才能充实愉悦。

第03章

0～2岁敏感期：宝宝与奇妙的世界初次相识

在敏感期，孩子总是做出奇怪的举动，这实际上是他们在敏感性的驱使下，以自己的方式认知世界。如果父母了解孩子的敏感期，就会知道孩子为何出现这样的行为。反之，如果父母不了解孩子正值敏感期，那么就会对孩子的各种奇怪言行感到莫名其妙，也会对于孩子的成长充满困惑。

口的敏感期：孩子最爱用嘴巴

才刚刚满月，妈妈就发现西西变成了一个小巴儿狗。因为西西不管是刚刚吃饱，还是肚子正饿着呢，总是用嘴巴不停地四处寻找。有的时候，她侥幸找到衣服领子口，就会把衣服领子口砸吧得津津有味。妈妈觉得很好笑，甚至说西西上辈子一定是只小狗，所以才这么愿意吃衣服。又过去几个月，妈妈发现西西不但吃衣服领子口，而且能够灵动地挥动胳膊，把小手放到嘴巴里不停地舔啊啃啊，就是不愿意拿出来。最让妈妈感到好笑的是，随着不断长大，西西的腿部肌肉也更灵活，腿部力量也不断增强，她居然把臭脚丫也抱在怀里，塞到嘴巴里啃起来了。看到西西这么热衷于用自己的嘴巴认识世界，妈妈觉得很神奇。

孩子为何这么喜欢用嘴巴来感受这个世界呢？其实，新生儿刚刚出生的时候，很多感觉器官并不敏锐。对他们而言，嘴巴、眼睛和身体的感觉，就是他们与外界接触的途径。虽然很多宝宝刚刚出生就能模糊地看到东西，有了一定的视力，但是这个阶段的视力还很模糊，根本无法支撑孩子看清楚外部的世界。和视线模糊的眼睛相比，宝宝的嘴巴则更加灵敏，感觉也更加敏锐。很多细心的妈妈都还记得，宝宝在出生没多久被妈妈抱在怀里，他们的嘴巴就会急促地在妈妈的怀抱里拱来拱去，他们这是在迫切地寻找“奶瓶”呢。等找到妈妈的乳头，宝宝马上就会张大嘴巴，贪婪地把乳头含在嘴巴里，开始迫不及待地吮吸。这意味着什么呢？意味着每个宝宝从出生开始，就本能地会使用嘴巴，也本能地能够熟练使用嘴巴。因而从宝宝成长的角度来看，他们正是通过嘴巴来与这个世界建立联系的，也是以嘴巴与这个世界进行深入交流的。

婴儿出生不久，只是用嘴巴来认识自己的手，但是随着不断的成长，他们活动的半径在扩大，生命的内容也更充实，父母会发现孩子开始用手来认识身边的一切。他们通过嘴巴与外部世界建立联系的过程其实简单粗暴，那就是他们把拿到手里的一切都不加选择地塞入自己的嘴巴里，从而砸吧那个东西的味道，感受那个东西的质地，也以嘴巴来感知那个东西的形状、温度等各种复杂的信息。我们不是婴儿，尽管能够细心地捕捉孩子用嘴巴认知世界的各种细节，但是无法真正像婴儿那样用嘴巴去感知整个世界。

很多新手父母在发现宝宝总是用嘴巴啃一切东西的时候，会误以为宝宝是肚子饿了，所以才会做出这样的举动。实际上，宝宝不是肚子饿了，而只是在以这样的方式感知世界。当宝宝用嘴巴打开了世界的大门，接下来他们就会用嘴巴来建立自己与外部世界的联系。对于每个幼儿来说，这都是必须经历的阶段和生命历程。正是在生命的原始力量的驱使下，宝宝才与生命有了更加神奇的际遇。

出生之后三个月，宝宝口的敏感期表现最为明显。这是因为在经过三个月的成长之后，宝宝的手部肌肉发育更好，他们的胳膊也可以灵活运动，把东西准确地送到他们的嘴巴里。这其实是宝宝在建立口的功能，在能够熟练使用嘴巴之后，他们才能更好地发挥嘴巴的作用，从而通过嘴巴来认知世界。随着不断的成长，宝宝手的敏感期也如约到来，而手的敏感期更加推动和促进了口的敏感期向前发展。当然，当手足够灵活，宝宝也能够独立自主地行动，最终他们会以手代替口，用手四处触摸，从而用手来了解世界。

每个宝宝在成长的过程中，都会经历口的敏感期。如果错过或者忽略了这个阶段，孩子们在未来的成长道路上，就会出现各种问题。尤其是那些没有在口的敏感期得到满足的宝宝，更会导致很多问题的发生。例如，他们会喜欢咬人，会把地上的东西捡起来放到嘴巴里，也会拥有更强的口腹之欲。这都是因为他们在口的敏感期里，没有满足口的需求，而忽略了口的敏感期导致的。很多父母误以为口就是用来进食的，实际上，口是每个人与外界交流的第一个途径和媒介，也能够让身体各个部位的能量都得以激活。在口的敏感期，宝宝越多地用口来了解和探索世界，未来的成长也就会更加顺利。作为父母，当发现宝宝乐此不疲地使用口来探索世界、接触世界时，不要觉得纳闷，也不要觉得苦恼，只要不影响宝宝的正常身心发展，就任由宝宝去发挥口的强大功能吧。

还有的宝宝进入口的敏感期后，会变得很爱咬人。很多妈妈在宝宝大概半岁的时候，都对喂奶这件原本能够促进母子感情的事情心有余悸，这都是宝宝导致的。原来，宝宝在半岁前后，为了用口探索外部世界，了解一件物品的质地等，会使用用力咬的方式。所以妈妈们在喂奶的时候，总是猝不及防地被孩子咬到，因而疼得哇哇大叫。孩子可不知道妈妈在生气，看着恼火的妈妈，听到妈妈的怪叫，他们甚至会觉得有趣呢！很多父母误以为宝宝是因为长牙，导致牙床痒痒，所以才会咬人。其实不然，宝宝是因为进入口的敏感期，开始尝试着用口来探索和了解世界，才会咬人、咬东西的。在这个阶段，为了缓解宝宝出牙期的不适，也为了满足宝宝用口探索世界的需求，父母可以为他们准备硅胶材质的磨牙器，从而满足孩子对口的使用欲望。

手的敏感期：用小手感知世界

刚刚一岁的西西，在厨房里做了一件惊天动地的大事。那是一个周末，爸爸妈妈都在卧室睡懒觉呢。西西起床之后就去客厅里找奶奶，奶奶忙着收拾房间，让西西自己在客厅里玩。后来，奶奶觉察到西西半天没动静，不由得很担心，赶紧跑出去查看西西的情况。结果，奶奶看到西西没在客厅里，不由得慌张起来。她一边喊着西西的名字，一边四处找。原来，西西正在厨房里造反呢！

西西把奶奶早上刚刚买来的草莓全都倒在地上，正坐在地上捏草莓呢！好好的一大盒草莓，被西西全都捏成了草莓泥，红艳艳的草莓汁四处流淌，弄得西西满头满脸，衣服上也全都是草莓汁。奶奶生气地把西西抱起来，想要及时地制止西西，不想，西西歇斯底里地喊起来，挣扎着要挣脱奶奶的怀抱。西西的哭喊声惊动了妈妈，妈妈睡眼惺忪地起来，发现厨房里满地狼藉，原本想批评西西，转念一想：西西是不是进入手的敏感期了，所以才会这么喜欢捏草莓呢？妈妈对奶奶说："妈，反正已经这样乱七八糟了，索性让她玩吧，玩得高兴了，不想玩了，再收拾。一会儿我来收拾，您去忙吧，我在这里看着她，防止她跌倒。"就这样，西西在妈妈的注视下玩得不亦乐乎。

妈妈突发奇想，拿了一个小土豆代替草莓给西西玩，结果西西只是捏了一下土豆，感受到土豆是硬邦邦的，就把土豆丢到一边，再也不愿意捏土豆了。妈妈意识到西西喜欢捏软的东西，就给西西拿了一块豆腐。奶奶抱怨妈妈太娇惯西西，还浪费粮食，妈妈说："西西就喜欢捏软的，就当是给她的玩具吧，这对于帮助她的手部发展很有好处。"

手的敏感期到来之后，孩子们特别喜欢发挥手的力量，通过手去认识和感受不同的事物。事例中的西西正是因为进入手的敏感期，所以特别喜欢捏软的东西，从而感受手部的力量，也认知那些质地柔软的物品。妈妈说得很对，当看到孩子特别主动地在刺激手部的时候，父母要抓住孩子手的敏感期，引导孩子发挥手的作用。这样一来，才能满足孩子们对于手部发展的需求。很多细心的父母还会发现，在手的敏感期，孩子们还特别喜欢拿着东西四处扔。实际上，这不仅是孩子对于手部力量的锻炼，也是在逐渐地形成空间感。总而言之，孩子们的成长是神奇而又微妙的过程，父母一定要更加理性对待孩子的成长，也认真用心地观察孩子在成长过程中的不同表现，从而才能激发孩子的生命力量。

手在孩子成长的过程中起到重要的作用，在口的敏感期度过之后，宝宝的手部肌肉力量增强，动作也更加灵活，由此进入手的敏感期。在孩子成长的过程中，手起到非常重要的作用，所以有人说手是孩子的第二大脑。由此可见，孩子手的敏感期如何度过，不但影响孩子对外界的探索和认知，也在某种程度上决定了孩子的智力发育水平。

细心的妈妈们会发现，新生儿刚刚出生的时候很喜欢攥住拳头，紧握小手。而随着不断地的成长，宝宝的小手越来越灵活。他们渐渐地松开拳头，摊开手掌，也以小手抓住身边的东西，握住床的围栏等。有很多婴儿还会用手来抓挠自己的脸，导致把脸部、头部的娇嫩皮肤都挠破了。这种情况下，一定要注意的是，父母要避免一个错误的决定，那就是很多父母在看到孩子把自己娇嫩的皮肤都抓挠破了，为了省事，也为了保护宝宝，他们会给宝宝戴上小手套。这是大错特错的行为，手的发展让宝宝接收外界的刺激信息，而如果用手套把宝宝的手套起来，看起来避免了宝宝对自己的伤害，实际上却会导致宝宝与外界失去一个接触的方式和联系的通道。这样一来，宝宝不能接受外部的刺激，手的发育受到局限，也是不利于大脑发育的。所以父母可以及时给孩子修剪指甲，也可以给孩子能够握在手中的玩具玩耍，而不要因噎废食，因为宝宝有可能挠破自己的皮肤，就把宝宝的手装入手套。当宝宝长久地戴着手套，他们还会和出生的时候一样习惯性地握紧拳头，这对于宝宝的成长当然是极为不利的。

从大动作到精细动作，意味着孩子的手部发育越来越完善。一开始，孩子只能拿起比较大的东西，后来随着不断的成长，他们的手部力量增强，手部肌肉也更加灵活，因而他们开始能够用拇指和食指配合，拿起各种细小的东西。尤其是有些孩子才一岁多就会使用筷子，还能夹起黄豆、花生等东西，这意味着他们的手部发育很完善。

手，不仅对于孩子的成长至关重要。即使对于整个人类而言，手的作用也不容小觑。只有聪明的人类才能使用手制造工具，做各种各样的事情，所以人们才形容一个能干的人“心灵手巧”，这恰恰说明手的发育和脑部的发育是密不可分的，也说明手的发育能够促进脑部的发育。那么作为父母，一定不要限制孩子手部的活动，而要与孩子一起进行各种各样的游戏，从而帮助孩子真正地解放双手。

大多数人都觉得人类依靠脑部思考。其实，从本质上而言，人类更是依靠手进行思考的。因而当宝宝热衷于使用双手的时候，父母一定不要限制他们对手的使用，而是要鼓励他们更加频繁地使用手，也刺激手的发展。几个月的婴儿喜欢吃手，把手中拿到的一切都塞入嘴巴里，两三岁的幼儿喜欢玩沙子和水等，这其实都是在用双手感受世界，也是在用手进行对人生的深刻思考。父母要保护好孩子用手认知这个世界的重要过程，而且要重视引导孩子更多地使用手。遗憾的是，现实生活中，有很多孩子都不会使用手，例如有的幼儿园孩子都已经五六岁了，还是用手抓饭，或者用勺子吃饭，而不会灵活地使用筷子。筷子是中华民族独有的进餐工具，事实证明使用筷子对于刺激大脑的发育有很大的好处。还有的孩子直到七八岁了，也不会扣扣子，更不会系鞋带。不得不说，这都是由于缺乏锻炼导致的，在日常生活中，父母一定不要凡事都为孩子代劳，而要给予孩子机会主动地去做一些事情，这样孩子才会动起来，也才会在坚持去做的过程中不断地提升自身的能力，让自己顺利成长。

行走的敏感期：走好第一步，走好人生的每一步

看着孩子一天天长大，父母最渴望的就是孩子能够早日学会独立行走。然而，孩子学会行走并不是一件简单容易的事情，新生儿从呱呱坠地，要被父母小心地平躺着抱着，到后来被竖立起来抱着，正是在这样点点滴滴的进步中，孩子从需要被父母搀扶着走，到能够踉踉跄跄地独立行走，这需要经历很长一段时间。尤其是继续长大之后，孩子们根本

不愿意走平坦的地方，而只想找坑坑洼洼的地方去走，这简直让父母啼笑皆非。作为路不平有人踩，孩子就是那个专走不平路的人。从成长规律的角度而言，当孩子把注意力都集中在某一件事情上，而且乐此不疲地做这件事情，这就象征着他们进入了相应的敏感期。

细心的父母会发现，孩子有一段时间特别喜欢走路。那就是在一岁前后。大多数孩子都在一岁前后开始独立行走，其实在独立行走之前，他们就已经开始乐此不疲地练习走路了。所以很多负责带孩子的人都说，孩子在学习走路之前是带着最累人的时候，因为他们总是一刻不停地走啊走啊，根本不能停下来。而且，他们对于走路丝毫不觉得厌倦，在这种情况下，负责搀扶着他们走路的人就不得不弯腰驼背，以最合适的高度适应他们的行走。实际上，孩子对于行走的欲望在八个月大的时候就已经表现出来，当父母把婴儿抱着坐在腿上，婴儿往往想要站起来，而且站立的时候还会使出吃奶的力气来蹬腿。当他们用力使劲蹬腿的时候，被踩到的人会觉得很痛，也惊诧于孩子的腿部为何有这么强大的力量。没错，孩子的生命就是如此神奇，他们小小的身躯里蕴含着巨大的力量，他们根本不知道劳累是什么，而只是一味地想要走起来。

新生命从呱呱坠地来到人世间，就进入了持续的学习过程中。新生儿一开始连转动头部都很困难，后来能够抬头，也能够独立地坐着，然后四脚并用地往前爬，在此过程中孩子付出了巨大的努力，也表现出顽强的毅力。独立行走，是类人猿真正发展成人类的标志之一，对于孩子的成长而言，独立行走也有着非同寻常的意义。独立行走意味着孩子可以独立展开行动，不用再靠着父母把他们带到任何地方去。独立行走对于促进孩子的智力发育也有很大的好处，能够让孩子的体能增强，心智更加健全。

经历了孩子学步阶段的父母，总是惊讶孩子为何不知疲倦地走，有的时候，连跟随着他们的父母都已经很累了，他们却依然兴致盎然地往前走。这是因为孩子才刚刚学会走路，他们发现随着走路可以看到不同的景色，因而觉得非常新奇。有些父母担心孩子在走路的时候摔倒，所以会选择抱着孩子走路，或者用小推车推着走路。然而，这无形中就剥夺了孩子走路的权利，也会伤害孩子走路的热情，自然不利于孩子的成长。因而父母不要把孩子的疼爱表现在不让孩子走路方面，只有鼓励孩子走路，也引导孩子走更多的路，孩子才能健康茁壮地成长。

当然，当发现孩子走路很晚的时候，父母也不要着急。尽管大多数孩子都在一岁前后学会走路，但是也有特例，这是因为每个孩子成长发育的节奏是不相同的。当身体具备了独立行走的能力，孩子自然就会走路了。如果孩子还没有做好走路的准备，父母就迫不及待地让孩子行走，则会对孩子的身体造成不良影响。

当孩子走路越来越熟练，他们就不愿意走平坦的大路，而是喜欢走在马路牙子上，或者走在高低不平的地方，或者走在坑坑洼洼的水坑里。父母常常为孩子的这种表现担忧，也想要制止孩子继续做出这样的行为，却没想到孩子对此乐此不疲。在这种情况下，父母要注意的是，随着孩子独立行走的能力越来越强，他们可以随心所欲地去任何自己想去的地方，这意味着孩子的空间敏感期即将到来，所以他们才会热衷于探索空间，为自己在空间敏感期的发展奠定基础，做好准备工作。

语言敏感期：孩子的语言你要懂

每个孩子从一出生开始，就进入了语言敏感期。这也就告诉我们，孩子的语言敏感期是从他们零岁就开始的。在母亲温暖而又黑暗的子宫里时，孩子生活在无声的世界里。而当呱呱坠地、降临人世时，孩子从无声世界进入有声的世界，他们对于声音马上就表现出浓厚的兴趣。对于孩子而言，人类的语言就是世界上最美妙的音乐，当他们听到在子宫里就已经熟悉的妈妈的声音，听到完全陌生的爸爸的声音，听到各种各样语言之外的响动，他们会觉得非常神奇，也对这些声音充满了兴趣。

曾经有心理学家提出一个疑问，即为何新生命从呱呱坠地开始就会听到很多繁杂的声音，但是他们却精准地学习人类的语言，而没有学习那些乱七八糟的声音呢？这是因为孩子的听觉器官会自动过滤某种特殊类型的声音，那就是人类的声音。对于孩子们而言，天生的语言敏感性为他们过滤了其他声音，也为他们营造了人类语言的成长环境。在外界的刺激下，孩子的语言机制得到有效刺激，他们也在此过程中学习语言。所以大名鼎鼎的教育专家蒙台梭利才说，人类生来就具有一种神奇的本领，那就是掌握语言的本领。

很多父母误以为孩子只有在半岁之后才开始学习语言，其实不然。孩子从一出生就开始学习和积累语言，在生命之中，他们始终都在吸收语言，并且将语言作为一种非常珍贵的资料储存在自己的脑海中。随着不断的积累，量变引起质变，当孩子们觉得自己有能力开始发声，而且发声的器官也发育成熟时，他们自然就会开始说话。当你看到一个经验丰富的妈妈带孩子，就会感到很可笑，因为这个妈妈总是对着才刚刚出生的孩子说话。如果你不了解孩子对于语言的学习和积累，你一定会笑话这个妈妈是在“对牛弹琴”。事实证明，这个妈妈的努力绝不是无用功，随着婴儿的渐渐长大，婴儿听到妈妈说话，也会开始咿咿呀呀地发声，与妈妈进行交流。当他们发声的能力越来越强，他们还会模仿妈妈说话，发出一些音节的雏形。那些语言能力发展好的孩子，在襁褓时期都得到了语言的启迪，父母絮絮叨叨和他们说出来的话，正是帮助他们打开语言大门的钥匙。

很多新手父母都误以为新生儿听不懂人类的语言，因而在带养孩子的时候总是无声无息的，从来不与孩子交流，更不与孩子说话，这样的观点完全是错误的，这样的育儿方式也会导致严重的后果。曾经有人做过实验，即把完全正常的婴儿交给一对聋哑夫妻教养，在无声的环境中，婴儿根本无法学会说话。反之，如果把聋哑夫妻养育的正常孩子交给正常人抚养，让孩子在正常的语言环境中成长，则孩子的语言能力发展得非常顺利。

还需要注意的是，每个孩子学会说话的速度是不同的。在不断地成长与对语言的积累中，每个孩子说话都有早有晚，如果孩子说话比较晚，父母也不要着急。例如很多孩子两岁多才会说话，而有的孩子一岁多就会说话。父母要耐心等待孩子把语言积累到一定的量，也要给予孩子足够的理解、信任和支持，更要对孩子进行良性的语言刺激，这样才能帮助孩子尽早说话。孩子在学会说话之后，他们非常热衷于以语言来表达自己的思想，表达自己对于很多问题的困惑。当面对孩子的“十万个为什么”，父母一定要有耐心，给予孩子正确的解答。很多父母对于孩子的提问采取敷衍的态度，殊不知，这对于孩子的成长没有任何好处，也会打消孩子求知的热情，让孩子变得自我闭塞。

为了给孩子树立积极的模仿对象，父母还可以为孩子树立榜样。语言的学习过程就是积累的过程，当孩子积累更多的语言，他们的表达能力才会不断地提升，他们也才会真正掌握语言。很多孩子喜欢重复父母的话，父母不必为此训斥孩子，因为简单无聊的重复对于孩子而言恰恰是最好的、卓有成效的学习。当发现孩子在重复父母的话，父母还可以有意识地放缓语速，从而帮助孩子更加卓有成效地学习语言。

渴望爱的敏感期：对爱的渴望占据孩子心灵

从一出生，琪琪就被寄养在大姨家里。这是因为琪琪是家里的第二个女儿，妈妈疼爱自己的大女儿，也期望着小儿子的诞生，唯独对于“多余”的琪琪很无奈。原本，妈妈在迎来大女儿之后，是满心欢喜想要再生一个儿子的，却没想到琪琪的到来打乱了他们的计划。琪琪出生不久，妈妈就有了小弟弟，因为没有足够的时间和精力照顾三个年幼的孩子，所以妈妈只好把琪琪送到大姨家里。虽然妈妈也很舍不得，但是没办法，她只能这么做。

就这样，琪琪从出生起就在大姨家里生活，直到六岁上小学，她才从农村的大姨家里回到自己的家里。然而，琪琪已经习惯了叫大姨妈妈，却称呼自己的妈妈为小姨。尽管妈妈不止一次地纠正琪琪，琪琪却始终改不过来，而且从心底里讲，她对大姨也比对妈妈亲近多了。就这样，琪琪在与妈妈磕磕绊绊的关系中，已经成为一名初中生。但是，她对待家里人很冷漠，在学校里与同学的关系也不太好。有一次，妈妈郑重其事地找琪琪谈话："琪琪，你为何待人总是这么冷漠呢？"琪琪说："我小时候，你们对我热情吗？如果你们对我就很冷漠，我为何要对别人那么热情呢？"琪琪的话说得妈妈哑口无言，妈妈只能渐渐地以温情来感动琪琪，温暖琪琪的心灵。然而，从小遗留下的问题并不是那么容易就改善的，妈妈为此也感到很苦恼。

父母对于孩子的责任和义务，绝不是把孩子生养下来就可以的。明智的父母知道，自己不但需要满足孩子的吃喝拉撒，还要满足孩子的精神、感情和心理需求，唯有如此，父母才能与孩子更好地相处，也才能建立良好的亲子关系。

很多父母对于婴幼儿的成长怀有误解，即他们认为孩子在婴幼儿阶段，还没有形成独立的思想意识，也不能自主理性地做出选择，所以他们对于婴幼儿的照顾主要是满足婴幼儿的吃喝拉撒，而很少关注婴幼儿的身心健康。殊不知，这样的想法是完全错误的。孩子并不因为小就没有感情方面的需求，恰恰是在0~3岁期间，孩子对于父母的爱更加渴望。所以才有教育专家说，对于婴幼儿，给予多少疼爱都是不过分的，这样才能让孩子在爱中自由地成长，才能让孩子感受到爱的温暖。

为了证明婴幼儿对于爱的渴望，曾经有心理学专家进行过实验。实验中，妈妈在给婴儿喂奶的时候表情凝重而又严肃，看起来不苟言笑，面色冷漠。看到妈妈的表情，婴儿开始拒绝吃奶，而是试图以哭闹、踢腿等各种方式引起妈妈的注意，但是妈妈总是对婴儿躲闪，假装没看到婴儿的各种表现。在这种情况下，婴儿始终无法专心致志地吃奶，也导致情绪很焦虑。心理学家还针对缺乏关爱的孩子进行过跟踪调查，发现这些孩子即使在长大成人之后，也没有从童年的阴影中摆脱出去。他们的性格都有各种问题，有些人还会发生自残、自杀等各种极端行为。这个实验告诉我们，母亲充满爱的陪伴，以及对于孩子对爱的需求做出及时的回应，对于婴儿而言是非常重要的，也会对于孩子一生的成长都起到积极的作用。

因为误解孩子小的时候只有生理需求，没有太多的精神和情感需求，所以很多父母把年幼的孩子寄养在爷爷奶奶、姥姥姥爷家里，甚至是其他的亲戚家里。他们觉得只要等到上小学的年纪把孩子再接到身边即可，不会对孩子的成长有什么影响。殊不知，0~3岁期间，孩子是最渴望得到母爱的时期，也是爱的敏感期。所以明智的父母不会在孩子小的时候离开孩子身边，而是会想方设法守护着孩子，也最大限度地给予孩子爱与温暖。

在这个世界上，尽管每一个父母都很爱孩子，也愿意给孩子所有的爱，但是未必每个父母都能以最好的方式对待孩子。当父母对孩子的爱不恰当，不但不能给孩子的成长以积极的作用，反而会导致阻碍孩子的成长，也会使得孩子的人生陷入各种困境之中。对于每个孩子的成长而言，爱是非常重要的，唯有在爱中成长的孩子，才能与外界建立更好的联系。当孩子在爱的敏感期内获得感情的满足时，他们在成长的过程中也会更加顺利。对于孩子而言，父母的爱就像是他们生存的沃土，能让他们的生命更加绚烂绽放，也能让他们的成长因此而快乐。需要注意的是，相比起男孩，女孩对爱的渴望更加强烈。这是因为在儿童阶段，女孩的身心发育比男孩更早一些，因而当男孩还在以稚嫩的思维考虑如何与小伙伴争强的时候，女孩就已经开始关注与身边人的关系，也已经开始想方设法建立自己与他人以及外部世界之间的良好关系了。从这个角度而言，父母一定不要吝啬给孩子足够的爱，唯有在充满爱的环境中成长，孩子们的身心发展才会更健康，也才会更加热爱人生，热爱这个世界。

视觉敏感期：给孩子更多的机会去看世界

孩子出生后的第一个敏感期，就是视觉敏感期。孩子在视觉敏感期会接受光的刺激，从而让视力得到发展，在此之后，孩子就进入人生的更多发展阶段，也在生命力量不断得以激发和生命需求得到满足的过程中，渐渐地领悟到生命的美妙，也更加从容地感受生命的力量。曾经有医学专家在治疗一个刚刚出生就患有白内障的患儿时发现，这个患儿哪怕后来接受了白内障的手术，治疗好眼睛，但是他的视力却没有恢复。医学专家百思不得其解，因为他已经把孩子的白内障完全治疗好了。后来经过研究，医学专家怀疑孩子的失明是因为孩子由于白内障而错过了视力敏感期。为此，医学专家邀请生物学专家一起，对小猫咪进行实验。他们以刚刚出生的小猫咪和成年的小猫咪为实验对象，用纱布把它们的眼睛全部都蒙起来。在经过一段时间之后，等到实验即将结束时，他们把小猫咪眼睛上的纱布都取下来。果不其然，实验的结果证实了医学儿家的推测，新生的小猫咪失明，而成年的猫咪在取下纱布之后，不久就恢复了视力。新生儿和新生小猫咪失明的原因完全相同，都是因为在出生之后的视力敏感期内，没有得到视力的及时发展。由此可见，新生儿一出生就面临着视力敏感期，在这个阶段，父母一定要重视发展孩子的视力，也让孩子的视力接受更多的刺激，从而才有助于孩子的视力发展。

作为父母，一定要抓住孩子的视力敏感期，刺激孩子的视力不断发展。很多父母误认为孩子各个方面能力的发展都是按部就班的，实际上，孩子很多方面的能力发展都需要刺激，父母唯有抓住孩子的敏感期，才有助于孩子的发展。实际上，在新生儿呱呱坠地之后，他们的身心都处于快速发展之中，尤其是大脑和大脑各项功能都在不断形成的过程中。正如上述事例中失明的新生儿和小猫咪，他们之所以失明，就是没有在恰当的时候感受到光的存在，也没有让视神经与大脑之间建立密切的关联。只有让视神经与大脑之间有密切的关联，他们才能够形成视力，从而在视力方面有良好的发展，而不管是白内障患儿，还是刚刚出生就被蒙上眼睛的小猫咪，他们都没有在最好的时机下把视神经与脑部神经建立联系，由此导致他们的大脑无法接收到眼睛传递的信号，如此一来，他们也就会继续保持失明的状态。

众所周知，眼睛是心灵的窗口。实际上，视力的发育不但能够让孩子看到这个美好的世界，而且对于刺激孩子的脑部发育，让孩子的智力水平不断得以提升，都有很大的好处。对于孩子而言，他们通过眼睛看世界，也通过眼睛搜集很多重要的信息，从而把这些信息储存在脑海中。研究证实，在人类所获得的信息中，通过看得到的信息占据了83%。孩子对于外界信息的搜集往往是不假思索的，他们把所看到的一切都收录到脑海中，就像电影的胶片一样。当孩子更加专注地观察这个世界，他们的专注力、记忆力都会得到有效提升，这样一来，对于孩子的脑部发育和智力发展，当然都是很有好处的。所以父母一定要培养孩子的视敏度，所谓视敏度，也就是孩子通过视觉器官辨识外界物体的敏锐度，这对于孩子的智力发育起到至关重要的影响作用，父母应该引起足够的重视，有意识地主动提高孩子的视敏度，为孩子的生活与学习都奠定良好的基础。

也许有些父母会感到很困惑，不知道如何做才能提高孩子的视敏度。其实，父母只要有心，生活中有很多简单易行的方法，有助于提醒孩子的视敏度。例如，现在有色彩艳丽的婴幼儿用品，孩子平躺时，父母就可以用床铃等玩具，提升孩子的视敏度。其次，当新生儿满月之后，父母就可以带着他们去户外晒太阳，也看到更多的景色，感受到阳光、微风等自然界的神奇力量。此外，在为婴儿布置房间的时候，父母要尽量不把婴儿的房间布置成纯白的颜色，而应该以淡淡的色彩刺激婴儿的视力发展，让婴儿视力得到更好的发展，也让婴儿脑部发育得更好。虽然婴儿还不能清晰地看到物体，但是他们能够感受到阳光和色彩，所以这是有利于提升婴儿视敏度的。常言道，处处留心皆学问，实际上，处处留心，人们就能更好地照顾婴儿，也能够在婴儿成长的过程中，给予婴儿更加切实有效的帮助，也能够给予婴儿更好的成长和未来。

听觉敏感期：听力发展决定智力发展

和视力一样，新生儿刚刚出生，听力也开始发展。为了证明新生儿听力发展的程度，曾经有科学家专门对新生儿进行实验，在新生儿的左右耳朵边发出不同的声音，建立不同的条件反射，事实证明新生儿能够听到声音。实际上，不但新生儿能够听到声音，就连母体中的胎儿，在到达一定的月龄之后，也能够听到声音。所以如今很多准妈妈都会对大月龄的胎儿进行胎教，尽管效果还没有得到证实，但是胎儿能听到声音是毋庸置疑的。很多细心的妈妈会发现，当新生儿哭闹不止的时候，如果妈妈把他们抱起来，贴近胸口，那么他们就会听到妈妈的心跳声，也会很快恢复安静。这是因为胎儿在妈妈的子宫里时，就已经习惯于听着妈妈的心跳声，所以他们对于妈妈的心跳声非常熟悉。此外，妈妈肚子的肠鸣音，也是他们所熟悉的，正是这些妈妈发出的声音构成了他们的生存环境，而让他们更安心地成长。

随着出生，胎儿离开了妈妈温暖的子宫，也离开了他赖以生存的熟悉环境，更听不到那些伴随着他在子宫中成长的熟悉声音。在这种情况下，他们未免会感到紧张不安，也因为进入陌生的环境中而缺乏安全感。很多婴儿的哭闹都是毫无缘由的，实际上这正是他们离开熟悉的环境、进入陌生的环境中感到焦虑的表现。父母一定要更加理性认知孩子的表现，尤其是妈妈，要在婴儿莫名哭闹的时候第一时间把婴儿抱在怀中，让婴儿再次感受到他熟悉的声音环境。如此一来，孩子的情绪就能渐渐平静下来，他们也能够不再哭泣，恢复平静。

在各种能力之中，婴儿的听力发展被很多父母忽视，这是因为婴儿的听力发展表现得没有那么明显，当新手爸爸妈妈忙着满足孩子吃喝拉撒的需求，最终才意识到孩子开始牙牙学语时，孩子的听力发展往往已经进展了很长一段时间。然而，听力发展尽管容易被忽视，却并不意味着听力发展是无关紧要的。通常情况下，孩子的听力发展往往关系到孩子的语言发展，如果孩子的听力发展不好，那么他们的语言表达能力发展也会相对滞后。举个极端的例子，我们很容易就能看出孩子的听力发展与语言能力发展之间的关系。当把一个健康的孩子置身于无声的环境之中，他们的语言能力发展就会停滞，这也就意味着孩子不会说话。由此可见，如果说听的过程是不断接收信息的过程，那么说的过程则是孩子表达的过程。如果没有积累，孩子又如何能有表达的素材呢？而且如果不能够听到语言，孩子的语言能力发展就会受到限制。

从接受信息的角度来看，如果说孩子接收的大部分信息都来自视力，那么孩子接收的少部分信息则来自听力。由此可见，是视力和听力大概构成了孩子的信息来源渠道，也是孩子认知整个世界的主要方式。为了刺激孩子的听力发展，父母应该认识到听力发展的重要性，也想方设法给予孩子积极的刺激。大多数孩子都喜欢听悦耳动听的声音，那么父母可以给孩子播放简单悦耳的摇篮曲、轻音乐等，也可以在怀抱着孩子的时候轻轻地哼歌，这些都有助于安抚孩子焦虑的情绪，让他们恢复镇定和平静。诸如音乐盒、摇铃等玩具，不但色彩艳丽，还带有悦耳的音乐。这些都能够有效刺激孩子的听力。需要注意的是，新生儿的听力还比较弱，听力器官也很娇嫩，父母要给他们轻柔的音乐，而不要给他们过于剧烈和强度太大的音乐，否则就会让新生儿陷入惊恐的状态中。除此之外，还要轮番播放不同的音乐，因为孩子的注意力集中时间是有限的，如果总是听同样的音乐，孩子未免会感到厌倦，这对于孩子的听力发展也是没有好处的。

其实，对孩子展开听力刺激，未必要有多么高大上的儿童用具，对于孩子而言，这个世界上最美妙的声音，就是妈妈的声音。因而在抚养孩子的过程中，尤其是对于婴儿，妈妈一定要给予更多的关注，也多多和婴儿沟通。很多新手妈妈在带养孩子的过程中总会陷入一个误区，即觉得孩子还小，又不会说话，所以无须与孩子过多交流。实际上，哪怕是婴儿也喜欢听到父母说话，而随着婴儿的渐渐长大，婴儿变成了幼儿，父母更要以幼儿容易听懂的语言与幼儿进行交流。这样一来，孩子的听力会受到良性的刺激，从而得以发展，与父母之间的感情也会变得更加深厚，可谓一举两得。

妈妈们一定要记住，你的柔情孩子能够听懂。当你以温柔和爱给孩子最好的呵护，也与孩子进行认真细致的交流，孩子们一定会回馈给你们同样的爱。养育孩子从来不是简单的事情，更不可能一蹴而就获得成功。父母一定要用心陪伴孩子，耐心细致地对待孩子，孩子才能在父母营造的爱与自由的环境中，健康茁壮地成长。

第04章

2～3岁敏感期：宝宝的自我意识开启

随着不断的成长，孩子的自我意识越来越强，细心的父母会发现孩子们更多地强调“我”，而且也开始从“大公无私”——没有意识保护自己的东西，到渐渐变得小气，对自己的东西看得很重，甚至有时候还会主动夺取和霸占别人的东西呢！这个阶段，在与小朋友玩耍的过程中，孩子与小朋友之间的矛盾和纠纷越来越多，主要是因为他们的自我意识觉醒导致的。

自我意识的敏感期：孩子越来越自尊

从本质上而言，孩子不断成长的过程，就是自我构建的过程。新生儿从呱呱坠地开始，并没有独立的自我意识，他们是无我的，与外部世界浑然天成，没有任何生疏感和距离感。而随着不断的成长，孩子渐渐意识到自我的存在，开始形成自我意识。在这样的过程中，孩子不但越来越多地强调我，而且自尊心也会更加敏感。当孩子进入自我意识的敏感期，他们所面临的问题不仅仅是各方面能力的发展，而是自我意识的发展。细心的父母会发现，随着自我意识敏感期的到来，孩子们变得越来越霸道，不愿意把自己的东西与其他人分享，而且还会霸占别人的东西。而且，他们变得越来越爱面子，不愿意与人为善，更不愿意受到任何小小的委屈。在这种情况下，孩子们到达两岁前后，就会发现自己与这个世界并不是一体的，而是相互分离的。因而瑞士大名鼎鼎的心理学专家皮亚杰经过长期的研究最终得出结论，孩子在0~6岁期间都在进行自我构建，而且把所有的激情与热情都投入其中。最终，孩子走出了自我，变得越来越独立，与此同时，他们的创造力、幸福感也与日俱增，他们真正实现了成长。

在成长的过程中，孩子们又要怎样来表达自己呢？起初，当孩子发现其他人与自己的态度截然不同的时候，会以粗暴的态度表现自己的不满足，例如打人，就是孩子用来表达自己意愿的最直截了当的方式。等到打人的时期过去之后，孩子们就开始进入坚定不移地说“不”时期。他们不管听到父母说什么，或者是他们自己做什么，都会无一例外地表示否定——“不”。在这个阶段，父母简直怀疑这个总是和父母作对的孩子，还是曾经那个乖巧可爱的孩子吗？实际上，孩子不是爱与父母作对，也不是有意识地故意与父母对着干，而是想通过这样的方式与父母分离，从而感受到自己作为独立生命个体的快乐和成就感。

孩子有自身的成长规律，在自然法则的规定下，孩子们每时每刻都在遵循生命的节奏不停地成长。在此后几年的时间里，他们更要坚定不移地做自己，排除他人和他物，这样一来，才能形成独立的见解，也才能最大限度地完成对自我的成就。在不断成长的过程中，孩子们还会渐渐地形成优秀的品质，这是他们人生之中最独立和核心所在。实际上，越是有个性和独立主见的孩子，反而更能够用心专注地完成自己对生命的锤炼，而不会人云亦云，更不会跟随大多数人去做任何事情，从而避免了盲目从众。很多父母都羡慕别人家的孩子有个性，殊不知，这是因为别人家的父母在孩子的自我意识敏感期，给予了孩子正确的引导，所以才能帮助孩子度过迷惘的时期，从而引导孩子形成真正特立独行的自己。

独立的孩子拥有自己的思想，也表现出强烈的主见，他们不会为了迎合他人而改变自己，更不会为了达到他人的满意而委屈自己。他们很清楚自己想要怎样的生活，也知道自己想要实现怎样的人生。在这样的过程中，他们看世界也有自己的眼光，绝不会人云亦云，更不会因为他人的任何意见或者看法而随随便便地迷失自我，改变自我。很多父母误以为听话的孩子更好管教，殊不知，一个没有自我的孩子无法界定自己与社会和他人的关系，也无法真正成长和完善自我。现代社会，充斥着各种各样的欲望和机会，如果孩子不能拥有坚定不移的个性，他们就会沉迷其中，导致自己的成长和人生都陷入被动的状态，不知所踪。所以对于孩子而言，最重要的是构建自我，拥有自我，而不是为了表现出对父母的顺从，就轻而易举地放弃自己的想法。现代社会的诱惑太多，孩子从降临人世就面对各种各样的诱惑，随着不断成长，更是会在面对各种诱惑的时候产生动摇。在这种情况下，明智的父母不会一味地要求孩子听话，而是以尊重和平等对待的方式陪伴孩子成长，也循序渐进帮助孩子养成良好的独立自主性。尤其是在孩子表现出明显的自主意识时，父母一定要尊重孩子，而不要强迫孩子分享，否则就会伤害孩子的自主意识，也会给孩子的成长造成很多困惑和困扰。

细节的敏感期：小事不小

在炎热的夏天，一天晚上，因为妈妈开着窗户睡觉，导致蚊香失灵，甜甜被蚊子咬了好几个大包，尤其是左脚的脚心，也被蚊子咬了两口，导致整个脚心全都肿起来了。次日起床，奶奶原本准备带着甜甜去小区广场上玩耍，甜甜却带着哭腔说：“奶奶，不行啊，我不能和你出去玩，我的脚受伤了，不能走了。”奶奶虽然很心疼甜甜的脚被蚊子咬了，却也觉得可笑：“蚊子咬了怕什么啊，谁还没被蚊子咬过呢，没关系的。”然而，甜甜坚持不出去玩，平日里最喜欢玩滑梯的她，这次对于滑梯也不感兴趣了。

一连三天，甜甜都在家里闭门不出，无论奶奶怎么诱惑她，她就是不愿意离开家，而且在家里待着还让奶奶抱着她走路，总是不敢用肿胀的脚心着地。看到甜甜这么小心，奶奶也不知道该怎么办。后来，奶奶把情况告诉妈妈，妈妈说："妈，别管她了，就让她在家吧，等到脚好了再说。她应该是到了细节敏感期，所以对很多细小的事物、事情都特别敏感。"果然，等到第五天的时候，妈妈才刚刚回家，甜甜就兴奋地告诉妈妈："妈妈，我的脚好了，你看，可以踩在地上了。"妈妈赶紧夸赞甜甜："甜甜真棒，已经好了！"

在这个事例中，三岁半的甜甜进入细节敏感期，所以对于很多细小的事情也很放在心上，根本不愿意妥协。虽然奶奶以滑梯对甜甜威逼利诱，但是甜甜始终坚持不出门。直到被蚊子咬肿的脚彻底好了，甜甜才愿意出门。对于甜甜的表现，奶奶觉得很好笑，不过妈妈知道甜甜是进入细节敏感期，因而并没有强迫甜甜改变。

大概在一岁半之后，孩子进入细节敏感期，有些孩子的细节敏感期出现得比较晚，大概在两岁前后。从此之后大概到四岁前后，孩子都处于细节敏感期。所谓细节敏感期，就是指孩子从之前只能关注到事情大的方面，变为会更加关注到事物的细节，也会对于事物的细节表现出浓厚的兴趣。例如，父母们会发现，孩子突然之间对蚂蚁感到感兴趣，甚至在树根底下发现了几只蚂蚁，就能看上大半天的时间。父母当然不理解孩子为何会对蚂蚁感兴趣，但是生命的自然规律让孩子更多地关注生活中的细节，也给予了孩子们更好的发现和成长。还有些孩子在细节敏感期内，总是对于很多小物件表现出浓厚的兴趣。例如，他们去超市的时候不是最喜欢玩具展架，而是最喜欢去卖粮食的地方。这是为什么呢？原来，他们喜欢抓几粒大米放到自己的手心里，或者从五谷杂粮那里捡一粒绿豆，紧紧地攥住。无疑，父母根本不能理解孩子为何对这些小东西感兴趣，但是孩子却乐此不疲，他们珍视每一朵小花、每一片树叶，也喜欢一块小石子，甚至只是衣服上掉下来的一颗小小珠子。

父母不知道，为何这些小小的、不起眼的东西，成为了孩子眼中的宝贝，为何那些小小的、不值一提的事情，却让孩子感到非常忧愁和烦恼。实际上，孩子进入细节敏感期绝非偶然，而是孩子的成长使然。随着不断成长，孩子原本就已经开始发展观察能力，手部动作也越来越趋于精细，在这种情况下，他们为了符合身体发展的需要，开始关注细小事物，这对于他们未来的发展是很有好处的。

孩子关注细小事物不仅仅体验在真正的小东西上，而且他们的心也会越来越细致，对于很多事情的了解也会更加深入和透彻。作为父母，一定不要先入为主地认为孩子对细小事物的关注是毫无意义的，实际上，孩子的视野与成人不同，成人的视野相对开阔，而孩子的视野相对狭窄，因而孩子更喜欢关注那些微小的事物。在关注微小事物的过程中，孩子的观察能力不断发展，孩子的专注力也越来越强。

在孩子的眼中，一花一木都是世界，所以对于成人而言毫无意义的很多细小事物，在孩子眼中却似广阔的世界，值得认真欣赏。父母需要注意的是，当孩子沉浸在对细小事物的观察中时，千万不要因为不耐烦，就盲目地打断孩子，因而破坏孩子的专注能力。父母要知道，孩子对细小事物的观察是细致入微的，而且也在此过程中形成专注力，所以父母非但不能打断孩子，而且要更加尊重和了解孩子，站在孩子的角度去看待这个世界，看待这个问题。

当孩子表现出对某些不起眼的物品非常重视时，父母也不要总是肆无忌惮地嘲笑孩子，否定孩子。记住，父母对于孩子任何细微的态度都会让孩子有所觉察，而且孩子的内心世界是与成人截然不同的。尤其是当孩子正值细节敏感期时，这些细小事物对于他们而言就是不可多得的宝贝，观看蚂蚁搬家也是比任何事情都更加重要的。从这个角度来说，父母一定要尊重孩子对世界的探索欲望，也保护孩子以自己的方式对世界展开探索。唯有如此，才能引导孩子遵循生命的节奏成长，也才能卓有成效地保护孩子每一步的成长。

秩序的敏感期：建立秩序感的关键时期

三岁半的甜甜正值秩序敏感期，最典型的表现就是，她就像有强迫症一样，每次都把自己玩过的玩具放回原来的地方。有一次，因为甜甜着急吃饭，所以妈妈负责帮助甜甜收拾玩具。然而，甜甜吃完饭后看到妈妈收拾的玩具，觉得很不满意。她生气地把玩具都打乱，然后自己再慢慢地收拾。

正在一旁看着甜甜的姥姥对此很不理解，说：“甜甜，你怎么就跟有强迫症一样，妈妈已经把玩具收拾好了，你干嘛还要再收拾一遍。”甜甜听到姥姥说她，有些生气，当即对着姥姥发脾气：“妈妈收拾什么，收拾屁呀，屁呀，你别说我！”原来，甜甜最近学会了以“屁”骂人，每当觉得不高兴的时候，就总是屁呀屁呀地骂人，常常惹得家里人都欢笑不已。妈妈听到甜甜生气，当即向姥姥解释：“妈，你别管她，让她收拾去吧。她正处于秩序敏感期，还记得上次去学校走错路大喊大叫的事情吗？那就是秩序敏感期的表现。在这个阶段里，孩子对于玩过的玩具，必须收拾好，还必须放到原来的地方去。让她按照自己的规律去收拾吧！”姥姥恍然大悟：“我说她最近有强迫症的表现呢，原来都是秩序闹的呀！”听了姥姥的话，妈妈不由得哈哈大笑起来。

在这个事例中，甜甜的表现就是秩序敏感期的典型表现。在秩序敏感期，孩子们往往表现出一种偏执，从来不愿意打破自己内心的秩序，而且在安排外界各种事物的时候，也会遵循内心的秩序去做。孩子为何会有秩序敏感期呢？众所周知，在妈妈温暖的子宫里，胎儿生存的环境一片黑暗，而且因为生存的空间有限，所以孩子往往不能自由地活动。自从降临人世之后，孩子就从黑暗局促的环境中，进入一个广阔光明的世界。这个世界，和妈妈的子宫截然不同。妈妈的子宫就是胎儿的房子，而新生儿在面对一个巨大精彩的世界之后，才开始对环境的认知，因而他们情不自禁想要控制周围的环境。正是在这种控制欲的趋势下，孩子才希望建立秩序。

在进入秩序敏感期后，孩子们不管做什么事情都想遵循秩序。日久天长，随着一遍又一遍的整理秩序，孩子们渐渐地将这些秩序固化为内心的恒定秩序，因而形成了守恒的观念。在这种情况下，孩子们不再对于发生的一切那么紧张，是因为他们知道某些事情发生在适度范围内，并不影响结果。然而在守恒的观念还没有正式形成和固化之前，孩子们对于秩序还是非常敏感，也带着执拗去坚持。

细心的父母会发现，孩子们在一段时间之内，总是近乎于固执地去收拾自己的东西。他们必须把玩具分毫不差地放在原处，才能心安理得地放下玩具，接下来进行其他的工作。在蒙台梭利的学校里，这个阶段的孩子不需要老师给予过多的指导，就学会了收拾玩具，摆放物品，实际上这并非是后天教育的影响，而是孩子生命的需求，也是与孩子的成长息息相关的。

实际上，孩子天生有一种秩序感，在这种秩序感的驱使下，孩子们近乎固执地遵循一定的规律去摆放玩具，做各种事情。通常情况下，2~4岁的孩子进入秩序敏感期，同时，秩序敏感期将会持续很长的一段时间。最初，孩子对于秩序特别敏感，每当发现秩序被破坏，他们就会情绪冲动，大哭大叫。渐渐地，随着自我意识的发展，孩子们开始用“不”来表示自己的拒绝，也以“不”来宣告自己的主权。直到成为自己的主宰，能够力所能及地做很多事情，孩子们一旦发现秩序不对，就会要求很多事情都马上按照正确的秩序重新来过一次。不得不说，孩子简直固执得让人抓狂。

在这个阶段，父母如果能够对孩子因势利导，培养孩子的秩序感，那么在漫长的一生之中，孩子都会得益于年幼时形成的良好秩序感，不管是做事情还是学习，都会秩序井然，而且他们也往往能够保持房间里的整洁，在理安排和有效利用时间方面，孩子们也会有突出的表现。与此恰恰相反，假如父母丝毫不知道秩序敏感期的存在，而且每当看到孩子们在秩序方面特别偏执时，还会想方设法逼着孩子放弃秩序，屈从于父母的安排。不得不说，长此以往，孩子对于秩序的把握就会很差，人生也会因此而混乱不堪。总而言之，当面对孩子们在秩序敏感期的各种奇怪和偏执表现而感到歇斯底里的时候，父母一定要想到孩子拥有内在的秩序感，也能够遵循生命的驱动去做很多事情。所以只要孩子的言行举止不会伤害自己或者他人，那么父母就要尊重孩子的成长，这样才能给孩子的成长以自由的空间，也帮助孩子更加快乐地成长。

空间敏感期：用身体感知空间

通常情况下，空间敏感期同样是从孩子出生开始，一直延续到孩子六岁左右。在空间敏感期内，孩子的空间感知能力不断发展，呈现出螺旋式上升的发展趋势，也会给孩子们的成长带来很多积极的作用。孩子们的空间敏感期到底有何表现呢?

果果不断地把拿在手里的摇铃扔到地上，然后等到妈妈把摇铃捡起来，放到她手里的时候，她又会马上扔下去，而且对于这样的重复乐此不疲。果果之所以喜欢扔掉摇铃，其实是她认知外部世界的一种方式。通过聆听摇铃掉到地上的声音，果果在感受摇铃的材质，也在不断扔掉摇铃的过程中，感受扔掉摇铃的乐趣。这是空间敏感期在婴儿身上的明显表现。在两岁前后，很多孩子尤其喜欢做的一件事情就是，把一些东西塞入某个洞之中，再从中掏出来，然后再塞入进去。这也是为何很多孩子都喜欢玩旅行箱的原因，是因为已经意识到不同的物体彼此分离的真相之后，想要无数次验证这个真相。随着空间感知能力的不断提升，孩子们不再想要继续装东西、拿出东西，他们开始喜欢玩积木，也想要通过玩积木，来把空间提升，然后再推倒积木，继续尝试着进行空间重建。在此期间，孩子的空间感知能力大幅度提升，他们渐渐地不再满足于堆砌积木，而是开始把自己也作为空间的一分子，融入空间之中。

到了三岁前后，孩子们越来越喜欢探险，他们爬到高高的地方，如同初生牛犊不怕虎一样从高处跳下来。他们就像是最勇敢的奥林匹克运动员一样，不断地挑战自己的极限，当发现自己足以驾驭某个高度之后，他们会马上尝试挑战新的高度。从这个角度来说，一个人的内心能够承受的空间大小，也决定了他们对于空间的把握。看起来这一点似乎无关紧要，实际上却至关重要，因为这直接决定了孩子长大成人之后能拥有多大的世界，甚至完全决定了孩子人生未来的发展。所谓思想有多远，人生就能走多远，我们也要说，空间承受能力有多高，人生的空间就有多高。遗憾的是，当孩子们进行类似的探索活动时，很多父母既不知道孩子正处于空间敏感期，而且还以“调皮顽劣”等词语形容孩子的表现，并且对孩子严格加以制止。不得不说，孩子的成长离不开父母的引导和支持，更离不开合适的生存环境。

作为父母，当发现孩子特别喜欢把手里的东西扔到地上，或者对着某个洞吐口水，或者喜欢朝着洞里塞东西的时候，不要觉得惊讶，而是要敏感地意识到孩子进入空间敏感期，也要知道孩子从此之后就要展开探索人生的脚步，让自己踏上新的人生征程。从本质上而言，孩子正是在不断进行空间探索的过程中，才完成了对自己的重新塑造，也才真正做到突破自己，超越自己。

直立行走对于人类而言有着深远的意义，对于孩子的成长而言同样意义非凡。在只能躺着或者只会爬的时间里，孩子只能通过嘴巴和手部来触摸和认知这个世界。而随着孩子学会走路，他们成为自己的主宰，想去哪里就去哪里。在这种情况下，他们的活动范围扩大了很多。正因为如此，他们才会在学会行走之后迫不及待地认知和感受世界。不得不说，当孩子学会以到达的方式划定属于自己的领地，最担心的就是妈妈。很多妈妈对于不听指挥的孩子，往往懊悔当初为何要生孩子呢？实际上，这正是孩子的进步，而作为父母要在保证孩子安全的情况下，尽量给孩子更大的安全空间，这样一来，孩子才能不断地成长，也才能在最大限度内发展自己的空间能力。

实际上，对于家有空间敏感期孩子的父母而言，完全没有必要对于孩子的成长太过担心。曾经，有心理学家专门对孩子进行过视崖实验。这个实验告诉我们，当孩子意识到继续往前爬或者行走会有危险，他们大多是会对视觉上呈现出明显凹陷的地方停下来，绝不以身犯险。这告诉我们婴儿是有能力保护自己的，对于外部的环境，他们有本能的判断，也能够在危险到来之前及时停止，不再盲目前进。

为了让孩子的空间感知和把握能力发展得更好，父母在教育孩子的过程中一定要把握好合适的度，不要在孩子还没有遇到危险的时候就过度保护孩子，也不要把有可能发生的危险都告诉孩子，从而导致孩子束手束脚，这对于发展孩子的空间能力是没有任何好处的。父母既爱孩子，也要相信孩子，从而让孩子对于空间有判断力。唯有在爱与自由的环境中成长的孩子，才能更加自信坚定和勇敢，也才能正确衡量自身的能力，准确判断自己是要继续去做，还是要停下来不再向前。

模仿的敏感期：孩子是父母的镜子

六个月的果果开始模仿妈妈的一举一动，一颦一笑，尤其是对于妈妈表情的模仿，使她对妈妈的观察更加深入。每当妈妈微笑时，她也马上会微笑；每当妈妈突然板起面孔，她也会突然板起面孔。一开始，妈妈还以为果果是因为感知到她的情绪才这么敏感，后来才发现果果是在有意识地模仿。有的时候，妈妈故意噘起嘴巴，果果也是噘起嘴巴。当妈妈说话的时候，果果总是专注地看着妈妈的嘴巴，自己的小嘴巴也情不自禁地蠕动着，似乎也想发出声音。

妈妈不知道这是这么回事，特意向同学请教。同学告诉妈妈："孩子正是通过模仿学习的，两岁前后的孩子，也会依然热衷于模仿，重复成人所说的话，或者做成人做过的事情。这些模仿都是孩子在自主学习的表现，对于孩子的成长很有好处。你恰好可以抓住模仿敏感期，给予孩子积极的引导和正面的榜样作用，这样孩子们才能找到有效学习的途径，让自己在模仿学习上突飞猛进。"听了同学的话，妈妈恍然大悟，说："看来，接下来还会有很多类似的事情发生呢！"同学表示认可，还建议妈妈看一看关于敏感期的书籍，从而更加敏锐捕捉到孩子的敏感期。

很多人都发现，婴幼儿具有很强的模仿能力，并且能够在模仿的过程中发挥创造力，从而对自身的行为进行突破和创新。从婴儿的角度而言，模仿是他们进行学习的重要方式，模仿能力也是他们进行创造的不可或缺的能力之一。为了研究婴幼儿的模仿能力，在二十世纪九十年代，就有科学家专门进行了研究。他们让实验人员把成功的行为展示给一个十八个月的婴儿看，然后，再给婴儿缩小号的工具。结果，婴儿很快就开始模仿，他们先是尝试着和实验人员一样努力去做，当发现行不通之后，他们又改变方式，设法创新，最终成功模仿实验人员的行为。在达到目标的过程中，婴幼儿做出了巨大的努力，他们不仅努力去模仿，而且还发挥积极主动的创造性，从而彻底解决问题。

实际上，新生儿从降临人世开始，在短短几个小时的时间内，他们就开始模仿成人的简单动作，例如张开嘴巴，动动舌头，不过这些模仿行为和新生儿的本能行为接近，所以很少有父母能够觉察到他们的模仿。在成长的过程中，婴幼儿每天接触最多的就是家人，为此他们会主动模仿家人的言行举止，甚至还会反复地模仿和强化。正是在这样的过程中，婴幼儿才开始不断地成长，也通过这样的学习方式不断地提升和完善自我。在三岁之后，婴幼儿的行为越来越接近社会化，为此他们也开始模仿很多社会性行为，模仿的工程越来越浩大，渐渐地成为一系列的模仿。

知道了模仿的奥秘，父母们在纠正孩子的不良行为时，就无须歇斯底里向孩子讲道理。例如，父母可以给孩子树立正面的榜样，从而在潜移默化中影响孩子。否则，父母越是向孩子强调哪些事情不能做，反而会激发起孩子的逆反心理，导致孩子偏偏要那么做。此外，还需要注意的是，孩子尽管爱模仿，但是对于很多行为的甄别能力有限，他们无从判断哪些行为是正确的，哪些行为是错误的。当发现孩子模仿错误的行为时，父母需要注意，一定要严格禁止孩子，而不要对孩子模仿不良行为的表现假装没看见。

需要注意的是，在度过模仿敏感期之后，父母也不要觉得就无须在孩子面前保持良好的形象和言行举止。归根结底，父母是孩子的榜样，孩子是父母的镜子，哪怕孩子已经度过模仿敏感期，父母也依然要在孩子面前谨言慎行，给孩子积极的榜样。唯有如此，父母才能陪伴孩子健康成长，给予孩子的人生更多的正面力量。

第05章

3～4岁敏感期：好奇宝宝开启对未知的探索之旅

3~4岁的孩子正处于人生的关键时期，也会遇到人生中的很多敏感期。这个阶段，孩子的自我意识渐渐觉醒，独立意识越来越强，他们迫不及待地想要独自去探索整个世界，却又受到方方面面的限制和禁锢，所以在此期间孩子往往表现出难以理解的偏执，也让很多父母感到头疼不已。如何陪伴3~4岁的孩子度过敏感期，这是每个父母都急需学习的，也是应该足够重视和慎重对待的。

执拗的敏感：不可理喻却是理所当然

一天晚上，爸爸妈妈晚上八点多才回到家里，听到开门声，正在客厅里玩耍的甜甜蜷缩在沙发上，又用夏凉被把自己包裹起来。然而，爸爸妈妈进来的速度太快了，所以甜甜还没有完全把自己藏起来呢，他们就打开门进入客厅了。妈妈和往常一样一边换鞋一边喊着甜甜的名字，突然之间，甜甜生气地哭起来。妈妈不明就里，也不知道甜甜是怎么了。甜甜一边哭着，一边还跑下沙发，用头把妈妈朝着门外拱。妈妈问甜甜："甜甜，你不让妈妈回家吗？"甜甜哭着说："你重新进来，重新进来！"这下子，妈妈明白甜甜的意思了。原来，甜甜是因为没藏好，所以让爸爸妈妈出门去再重新进入家门。

爸爸对此很抵触，他刚刚换好鞋子，不想再出去重新换鞋。妈妈对爸爸说："快出去吧，甜甜进入执拗敏感期了，如果你不按照她说的去做，她会一晚上都很别扭。"看着甜甜不依不饶的样子，爸爸意识到情况也许真的和妈妈所说的一样，为此赶紧走到门外，重新开门，进门。果然，爸爸妈妈看向客厅，发现甜甜已经躲在空调被下面藏好了。为此，爸爸妈妈异口同声地问："甜甜呢？甜甜去哪里了？"甜甜躲在被子下面笑得花枝乱颤，爸爸妈妈却假装没看见，爸爸还故意问："甜甜去哪里了？是去连云港老家了吗？"看到爸爸被自己骗到了，甜甜马上从空调被下面一跃而起，夸张地对爸爸喊道："爸爸，我在这里呢，哈哈！"看着前一瞬间还哭着的甜甜马上变得兴致高昂，爸爸简直觉得神奇，对妈妈说："你怎么知道她吃这一套呢？"妈妈嗔怪道："我怎么知道呢？我又不是学习幼儿心理学的，我只是多看了几本育儿的书而已。孩子在四岁前后正处于执拗敏感期，在非原则性问题上，与其与他们较真，不如顺从他们，也满足他们的心理需求。"爸爸由衷地对妈妈竖起大拇指，还请妈妈把相关的育儿书籍也给他看一看呢！

常言道，活到老，学到老，现代社会全民终身学习的年代，而且作为父母，更要学习相关的育儿知识，才能避免在教养孩子的过程中成为不折不扣的"文盲"。每当看到孩子们的"任性"表现，很多父母都会感到抓狂。实际上，孩子并非故意任性，而是因为他们进入了执拗敏感期，因而变得很固执己见。

对于每个孩子而言，执拗敏感期都是必须经历的心理发展阶段。执拗敏感期的出现，是因为孩子的自我意识和独立意识越来越强，所以为了证明自己的力量，他们不愿意再对父母言听计从，也不愿意再凡事都听从父母的意见。大多数孩子的执拗敏感期都出现在两岁前后，这是因为两岁的孩子自我意识越来越强，也开始尝试着脱离父母的控制和指挥，而按照自己的想法去生活。通常情况下，执拗敏感期的高峰期在3~4岁期间，在这个特殊阶段里，孩子简直成为父母的"冤家对头"，父母让他们往东，他们偏偏要往西。随着执拗敏感期的到来，孩子们也进入人生中的第一个叛逆期，总是故意与父母"顶牛"。对于叛逆期执拗的孩子，父母一味地压制显然是行不通的，最重要的是要引导孩子，甚至还要给孩子自由选择的空间，让孩子自主去选择适合自己的人生道路。

面对孩子的“任性”和“叛逆”，如果父母不知道如何疏导孩子的情绪，也不知道要在这个特殊阶段对孩子以引导为主，那么面对孩子的无理取闹行为，很多父母都会感到抓狂，也会不由分说地批评和打骂孩子。毫无疑问，这样的方式对于孩子的成长没有任何好处，而且父母也很容易因为错误教育思想的引导，导致做出错误的教育行为。父母需要注意的是，孩子并非是故意任性的，执拗敏感期的出现并不以孩子的意志力为转移，而是孩子的身心发展必然要经历的阶段。面对孩子的执拗敏感期、人生中的第一个叛逆阶段，父母一定要做好准备，这样才能从容地引导孩子，也才能保证孩子的身心健康发展。否则，如果父母和孩子一样歇斯底里，又如何能够引导孩子，并且让孩子心甘情愿地对父母表现出顺从呢？父母要知道，唯有帮助孩子顺利度过敏感期，孩子才能快乐成长。

当然，在教养孩子的过程中，对于理论的学习和准备只是最简单的一个方面，更重要的是在面对孩子的具体成长情况时，父母要具体情况具体对待，从而才能有的放矢，事半功倍。父母还需要注意，孩子在3~4岁出现执拗的行为表现，并不意味着孩子将来长大成人也是很叛逆的，不听话的。只要顺利度过这个阶段，孩子的身心健康成长，未来孩子完全可以正常成长和发展，也在人生的道路上有更多的收获。

在教育孩子的过程中，无论孩子如何表现，父母都要知道孩子是在遵循生命的力量去表现和行动。因而，父母一定不要对孩子采取高压政策，更不要强迫孩子违背生命的规律。在遇到很多情况的时候，父母要先想一想孩子出现这种情况的原因，此外也要站在孩子的角度上为孩子考虑，这样才能设身处地地为孩子着想。如果说执拗敏感期是孩子可以光明正大、名正言顺不讲道理的时期，那么作为父母偏偏要在这个时期理性对待孩子，对孩子晓之以情、动之以理，孩子才能控制自己的任性与胡闹，做出更好的表现。此外，孩子的成长是漫长的过程，每一个孩子在成长过程中都会遇到各种各样的问题，父母不要因为孩子的某一些表现不尽如人意，就对孩子颐指气使，实际上，唯有以爱与宽容包容孩子，才能为孩子营造良好的成长环境，也才能帮助孩子顺利度过敏感期。

审美和追求完美的敏感期：追求完美的孩子

有一个周末，妈妈带着奶奶和甜甜一起去商场里玩耍。走到一家卖童鞋的专柜面前，甜甜突然走进去开始看鞋子。当看到高跟的水晶鞋时，甜甜强烈要求妈妈为她买“增高鞋”。妈妈不由得觉得好笑又生气，心中暗暗想到：你这个小屁孩居然要求穿高跟鞋，这也太爱臭美了吧！不过，这双水晶鞋是样品，是大的尺码，甜甜穿不了。遗憾地从鞋店里走出来之后，甜甜就对妈妈说：“妈妈，我要那个“增高鞋”，你给我买吧，求求你了！”妈妈只好敷衍甜甜：“好的，等到看到高跟鞋，就给你买！”甜甜不依不饶，坚持让妈妈现在就给她买高跟鞋，妈妈费了好大的劲儿才搪塞过去。

回到家里，甜甜正看着苏菲亚公主的动画片，突然对妈妈说：“妈妈，我要公主的裙子，这样带着花朵和蝴蝶的。”妈妈不知道甜甜这是怎么了，此前妈妈给她买什么衣服鞋子，她就穿什么衣服鞋子，怎么这次非要自己选择衣服鞋子了呢？

在这个事例中，甜甜的表现让妈妈感到很惊讶，也无所适从，因为妈妈总不能真的为甜甜买一双高跟鞋吧，至于公主的裙子，倒是可以买一条穿穿，让她过过公主的瘾。那么，甜甜到底为何会出现这样的行为呢？这是因为甜甜进入了审美和追求完美的敏感期。听到这么长的敏感期名号，很多父母都会至少读上三遍才能明白。实际上，简而言之，就是孩子进入爱美的阶段了。他们不仅爱美，而且变得凡事都追求完美，所以更加吹毛求疵，也常常因为事情不符合他们的审美标准而变得歇斯底里。面对这样一个追求完美的小屁孩，父母又该如何做呢？完全达到他们的标准，显然是不可取的，毕竟孩子缺乏判断和甄别能力，因而往往做出错误的请求。那么父母面对孩子螺旋式发展的审美和追求完美的敏感期，必须慎重对待，才能启发孩子对于美的正确感知，也才能促进孩子的审美能力不断向前发展。

和男孩相比，女孩进入审美和追求完美的敏感期之后，对于自己的形象会更加关注。她们一反常态，不愿意穿妈妈给她们准备好的衣服，而总是自己在衣柜里翻来找去，要找自己喜欢的衣服穿。就连每天扎几个小辫子，扎在哪里，她们都要亲自把关，对于这么一个难伺候的小美妞，相信妈妈简直要抓狂了。其实，孩子变得爱美，追求完美，并不是坏事情，这说明孩子对于美的鉴赏能力有所提升，也说明孩子开始培养自己拥有一双善于发现美的眼睛。在这个阶段，父母正好因势利导，培养孩子正确的审美观念，也让孩子在不断成长的过程中欣赏美，表现美，从而给予孩子更多美的熏陶和鉴赏机会。

这个阶段对于女孩而言是非常重要的，甚至会对她们未来在人生之中呈现出的气质产生一定的影响，也会在某种程度上决定她们审美能力的高低。因而父母要小心翼翼地保护孩子已经萌芽的审美意识，也要最大限度地帮助孩子追求美丽。当然，对于孩子出现的过度追求完美的倾向，父母也要告诉孩子这个世界上并没有真正的完美，而只能无限接近完美。而且在追求完美的过程中，父母更要帮助孩子理解什么是美，并且引导孩子以正确的方式追求美。大多数父母在面对孩子的臭美劲头时，总是对孩子呵斥与指责，这么做非但不能引导孩子形成正确的审美意识，反而会伤害孩子审美意识的萌芽，也导致孩子在追求完美的道路上有诸多的苦恼。

面对孩子过度追求完美的倾向，很多父母都会非常苦恼。孩子追求完美不仅表现在对服装的挑剔和苛责方面，也表现在孩子对于食物等很多物品的苛刻要求上。例如给孩子蛋糕，最好给孩子一个完整的，否则当处于追求完美敏感期的孩子看到残缺不全的蛋糕，甚至会生气地哇哇大哭起来。当家有追求完美的宝宝，父母一定要全方位引导孩子的审美意识，也要更加激发出孩子追求美的欲望。有的时候，面对孩子的诸多荒唐表现也许是父母不屑一顾，甚至不能接受的。即使在这种情况下，父母也要控制好自己的冲动，不要因为对孩子不满意，就对孩子颐指气使，也不要因为对孩子的审美观念不满意，就肆无忌惮地批评和苛求孩子。尽管审美敏感期从孩子2.5岁持续到5岁前后，对于美的强烈渴望和追求也会让孩子做出令人啼笑皆非的事情，而且还会对孩子未来的气质和审美能力的发展奠定基础，但是在这个阶段中，父母对于孩子的审美能力引导也无须过分紧张。唯有顺应孩子的天性，引导孩子发展，孩子才会有更好的表现，也才能身心健康地成长。

色彩敏感期：五颜六色的童年最受欢迎

细心的父母会发现，几乎每一个孩子都喜欢五颜六色的东西，这是为什么呢？其实，从出生后三四个月开始，孩子对于色彩就会有所感知。为此，很多具有先进育儿理念的年轻父母，会在孩子的床上挂上很多颜色绚丽的装饰物，例如毛绒玩具、玩具气球、床铃等。这样一来，孩子就可以看着这些五颜六色的玩具和装饰物消磨时间，与此同时，这些玩具和装饰物也会对孩子产生色彩刺激，从而让孩子更加主动地认知各种颜色。在进行这样的色彩启蒙之后，到6~11个月期间，孩子会对色彩产生反应。他们看到色彩艳丽的东西时，就会盯着目不转睛地看。这个时候，父母应该抓住机会，指着孩子感兴趣的东西，以轻柔的语调告诉孩子："这是红色的花朵，这是绿色的草地，这是金色的太阳。"在色彩认知的过程中，父母对孩子说得越多，孩子对色彩的认知和启蒙就更好。

大多数孩子在一岁前后学会走路。在此期间，他们对于色彩的认知依然不够全面。通过独立的行走，孩子们的活动范围越来越大，在这个时间段里，父母依然可以对孩子进行颜色的启发，从而帮助孩子更好地认知颜色。如此发展下去，到了三四岁，孩子进入色彩敏感期。在色彩敏感期内，孩子们最热衷做的事情就是通过身边的诸多事物认识颜色，例如女孩提出要穿红色的裙子，男孩提出要一双蓝色的鞋子，还有的孩子喜欢把房间刷上绿色的漆，也有的孩子喜欢海洋颜色的衣柜等。随着色彩敏感期的到来，孩子们对于色彩的热爱也更加表现出来。他们开始喜欢涂鸦，用各种各样的颜料在画画本上乱涂乱画，也喜欢拿着笔趁着家人不注意的时候，在墙上作画。很多女孩在这个阶段特别喜欢鲜艳的花朵，而且尤其喜欢欣赏不同颜色的花朵。不得不说，这就是进入色彩敏感期的表现，与此同时，孩子的审美能力也在不断发展和进步。

遗憾的是，因为孩子在色彩敏感期中对于色彩怀有浓厚的兴趣，也总是不停地画画，所以很多父母为了保持家里的干净整洁，因而故意把孩子的彩笔都收起来。也有些父母当看到孩子画得不够好的时候，还会对孩子的画妄加评论，不知不觉间就伤害了孩子的绘画热情。这样一来，孩子对色彩的感知能力就会受到限制，甚至还会错过色彩敏感期。心理学家经过研究发现，大多数幼儿都喜欢明快艳丽的颜色，如果在色彩敏感期内能够得到色彩的刺激，则有助于孩子对色彩的感知能力不断增强。反之，假如孩子在成长过程中总是接触暗淡的颜色，则会导致孩子的色彩感知能力下降，甚至影响孩子的身心健康。心理学家经过研究证实，在明艳色彩中成长的孩子，诸如记忆力、感知力、智力等发展都很均衡。反之，在暗淡色彩中长大的孩子，这些方面的能力都发展滞后，导致限制人生的发展。

从心理学的角度来看，在色彩敏感期内，孩子一定要得到及时的引导和发展，才能健康成长。因而作为父母，当发现孩子总是喜欢拿着笔到处乱写乱画的时候，不要为了整洁而限制孩子的发展，而要给孩子开拓一方可以随意涂鸦的自由天地，让孩子对于色彩的喜爱得到发挥的空间。记住，对于孩子而言，色彩绚烂的世界是充满乐趣的，既然无数父母想给孩子的快乐的童年，又为何不能容忍孩子以斑斓的色彩为自己创造童真童趣的世界呢？

孩子对于色彩的认知，还有助于开发他们的智力。极少数父母会发现，孩子对于色彩的观察是细致入微的，如果遇到自己不能准确描述的颜色，他们还会借助于食物来形容这种颜色。例如有的孩子描述红色为“辣椒的颜色”，描述紫色为“葡萄的颜色”，不得不说，这是孩子从生活中得来的智慧，对于培养孩子的思维能力、语言表达能力都有很大的好处。

人际关系的敏感期：小小社交王

甜甜是三岁半开始进入幼儿园小班学习的，在大概一个月的时间里适应幼儿园小班的生活之后，甜甜有一天放学突然兴奋地指着走在她前面的同学告诉奶奶：“奶奶，这是我的朋友。”听到甜甜这么说，奶奶觉得很新鲜，当即感兴趣地问：“哦，真好，甜甜都交到朋友了。那么你告诉我，你的朋友叫什么名字呢？”甜甜小手一挥，指着朋友告诉奶奶：“他叫黄桃。”这个时候，黄桃的妈妈也问黄桃：“黄桃，你知道她叫什么名字吗？”黄桃看着甜甜，有些莫名其妙，然后才摇摇头告诉妈妈：“我不知道。”妈妈当即提醒黄桃：“她叫甜甜。甜甜知道你的名字，你也记住甜甜的名字，然后和甜甜当好朋友，好不好？”黄桃点点头。

此后的一段时间里，甜甜认识了班级里十几个同学的名字。每天放学，甜甜都会在校门口遇到她的朋友，因而总是兴奋地向奶奶介绍她的朋友。在甜甜的介绍下，奶奶也认识了班级里的很多小朋友。有一天放学后，甜甜还邀请黄桃来家里玩呢！

在最初走出家庭，开始与其他小朋友交往的时候，孩子们其实并不是对作为交往对象的小朋友感兴趣，而是对于小朋友手中拿着的美味食物感兴趣。在彼此交换食物的过程中，孩子与其他小朋友之间建立了最基本的友谊。但是随着不断的成长，孩子们无意中发现了一个秘密，那就是建立在美食基础上的友谊，随着美食的消失，友谊也不复存在。不得不说，孩子们是充满智慧的，没有人教他们要以交换的方式去维护与他人之间的友谊，他们似乎无师自通，就掌握了这种友谊的方式。等到觉察到食物不能长久地维系友谊之后，他们又会有新的发现，那就是玩具更有利于建立和维持友谊。就这样，孩子们凭着对友谊的本能，用玩具替代食物，从而与小朋友之间建立更长久和稳固的友谊。通常情况下，食物一旦吃完就不复存在，而玩具则不然。和食物相比，玩具是更长久的，也不会消失，因而由于玩具而建立和维护的友谊，会更加长久。

从本质上而言，小朋友之间的友谊是通过交换初步建立和实现的。在享受玩具带来的友谊之后，充满智慧的孩子们渐渐地又发现，即使是用不会消失的玩具维持友谊，友谊也一样无法长久。这是因为小朋友对于玩具的新鲜感和热情总是有限的，当他们对于玩具不再感到稀罕的时候，这段友谊也自然面临着分崩离析的局面。最终，孩子们终于发现友谊的真谛，那就是真正的友谊既不依附于食物，也不依附于玩具，而是依附于彼此感兴趣，也或者是对某一个玩具、某一个游戏都表现出共同的兴趣。正是在这样的过程中，孩子领悟到友谊的真谛，也更加深入地了解友谊。

对于孩子友谊的源头——交换，很多成人都会觉得很好笑，也会觉得交换并不能让孩子获得真正的友谊。实际上，交换并不像成人所认为的那样是物品的分享，对于孩子的意义也绝不仅仅是得到不一样的物品而已。在交换的过程中，孩子们彼此了解和认知，也认识各种关系，例如人与物的关系，物与物的关系，物与环境的关系等。这些关系对于构筑孩子与外部世界之间的联系会起到积极的作用，也会对孩子的成长起到很大的影响。对于交换，孩子们想得很简单纯粹，觉得通过与其他小朋友交换不同的玩具，他们能够得到快乐和满足。相比起孩子的简单，父母则想得比较多，会考虑到交换物品的价值等诸多因素。即使父母认为孩子与其他小朋友的交换是不等价的，也不要指责孩子，因为孩子从交换之中获得的快乐和满足，是任何金钱都无法买来的。

当孩子走出家庭，开始与形形色色的人打交道，他们就必须要面临人际关系的难题。牙齿还会碰到舌头呢，更何况是两个如同小行星一样的孩子呢？孩子之间因为各种各样的原因发生争执很正常，甚至打架也不罕见。不过，现代大多数家庭里都只有一个孩子，每当孩子与其他小朋友发生争执或者打闹，父母很难保持淡定。为了让孩子拥有良好的人际关系，也培养孩子与小朋友相处的能力，父母一定要控制好自己护犊子的欲望，不要过分偏袒自己的孩子。否则，一旦父母对孩子之间的相处横加干涉，父母就会破坏孩子之间的交往，也会导致原本简单的人际关系变得复杂起来。

父母要记住，不管父母多么爱孩子，都不可能永远庇护孩子。归根结底，孩子需要自己去面对人际关系，也要处理好人际关系的难题。否则，如果孩子总是在父母的保护之下不断地成长，等到不得不独自面对这个世界、处理人际关系的时候，就会陷入被动的状态之中。父母爱孩子是毋庸置疑的，但是也要理性给予孩子适度的爱。当发现孩子总是胆小怯懦，被人欺负的时候，父母千万不要斥责孩子，更不要否定孩子的情绪。明智的父母会先接受孩子的情绪，从而安抚孩子的内心，让孩子感受到父母的爱与支持，会让孩子变得更加勇敢，也会让孩子在与人相处时有更多的底气和勇气。在此基础之上，父母要引导孩子自己寻找解决问题的办法，让孩子学会独立地解决问题，这才能彻底解决问题。

自我意识的觉醒：我是宋小甜，不是姐姐

在幼儿园经过半年的学习，甜甜的自我意识越来越强，她从最初入园时的紧张哭泣，到后来每天都能高高兴兴地去幼儿园，不得不说这是一种成长，而她也在这样成长的过程中经历了漫长的心路历程。

从两岁多的时候开始护着自己的东西，到三岁多进入幼儿园开始学会与小朋友分享，再到四岁半的时候，甜甜对于自己的名字非常敏感，尤其不喜欢别人不称呼她的名字，而给她“称谓”——姐姐或者妹妹。

有一次，妈妈带着甜甜去超市里玩耍，正巧遇到一个和她年纪相仿的小朋友。甜甜和那个小朋友在儿童游乐区玩耍了一会儿，很快就熟悉起来。甜甜主动对小朋友进行了自我介绍：“我叫甜甜，我四岁了。你叫什么名字？”小朋友说自己三岁。为此，小朋友的妈妈说：“小米，你就和姐姐玩吧，姐姐真好，对不对？”听到自己被称呼为姐姐，甜甜马上吹胡子瞪眼睛：“我不是姐姐，我是宋小甜。”妈妈向甜甜解释：“甜甜，你是宋小甜，也是姐姐，因为你比那个小朋友大。所以她是小

妹妹，你是小姐姐，知道吗？”甜甜依然不依不饶：“我不是姐姐，我是宋小甜。”看到甜甜不愿意接受姐姐的称呼，妈妈只好无奈地说：“好吧，好吧，你是宋小甜。”在很长一段时间里，甜甜不愿意被称呼为姐姐或者妹妹，只承认自己是宋小甜。

随着自我意识的觉醒，在不同的年龄阶段，孩子往往会有不同的表现。通常情况下，两岁多的孩子自我意识的觉醒，表现在他们不愿意分享自己的物品，从一开始不知道保护属于自己的东西，到后来不愿意把自己的任何东西给别人，这是自我意识开始觉醒的最明显表现。随着不断的成长，自我意识的觉醒还表现在孩子总是不愿意听从父母的意见或者建议，而更加固执己见。在这个事例中，四岁半的甜甜自我意识不断发展的明显表现，就是她不愿意被称呼为姐姐或者妹妹，而更加强调自己的名字，这其实是孩子潜意识里想要成为独立生命个体的表现。

通常情况下，称谓都是以与他人的关系为基础获得的，而名字则是完全属于自己的，独立的称呼。甜甜强调自己是“宋小甜”，恰恰意味着她不愿意作为别人的姐姐或者妹妹，而只愿意独立存在，作为单独的生命个体。这恰恰印证了一个问题，即很多父母在称呼孩子的时候，总是喜欢称呼孩子是“宝贝”“心肝”“乖乖”等。实际上，这些称呼对于几个月的婴儿还算适用，但是对于大一些的孩子而言，一直这样称呼孩子，则会给孩子的心理健康带来不良影响。因而父母不要总是以各种昵称称呼孩子，而应该把孩子当成独立的生命个体对待，对孩子直呼其名。如果想要表现亲昵，也可以把孩子的姓省略，从而给予孩子名字的称呼。在长期这样对孩子直呼其名的过程中，孩子的独立性得以更好的发展，自我意识也得到充分的发展，这样才是对孩子的成长有好处的。

占有敏感期：我家有个沙鼠

这段时间，妈妈发现自己买回家里的很多零食总是莫名其妙就不见了。一开始，妈妈以为是爸爸吃掉了，还调侃爸爸："你最近怎么爱上吃零食了，还是偷偷吃的，我都没看见你什么时候吃的！"爸爸感到很委屈："我没有吃啊，我天天也就一日三餐，什么时候吃零食了。"妈妈问："那我前几天买的海苔饼干呢？我问乐乐了，他说他没吃，问甜甜了，她说她也没吃，除了你还能有谁呢？"爸爸觉得很可笑："那你就认定是我吃的了吗？我告诉你，咱们家可是有个沙鼠！""沙鼠？"妈妈觉得很困惑，"沙鼠是什么？"

爸爸笑起来，赶紧为妈妈科普一下："沙鼠是一种沙漠里的老鼠，尤其喜欢搜集各种各样的食物，特别爱好囤积食物。别看沙鼠小，但是一只沙鼠的洞穴里有可能搜集出几十公斤的干草、粮食作物，不得不说，这个量是非常惊人的。"听完爸爸的话，妈妈不由得笑起来："难道你发现咱家沙鼠的窝了？"爸爸点点头，把妈妈带到甜甜的房间里去看，妈妈这才发现甜甜榻榻米的抽屉里，还有衣柜底部，都放了很多零食。妈妈非常惊讶："天啊，这都是什么时候藏起来的啊？"爸爸说："趁着你不注意的时候。""那么，什么时候吃呢？"爸爸回答："未必都能吃完吧，就是喜欢霸占而已。"

妈妈简直觉得莫名其妙，爸爸说："我已经查阅过相关资料，这是孩子进入占有敏感期的表现，所以他们不管看到什么都想据为己有。你没发现在饭桌上，如果我们也吃甜甜喜欢吃的菜，她马上就会把菜装满自己的碗，这是她害怕被别人吃光啊！"妈妈思忖：是不是只有自私的孩子才会这样呢？爸爸似乎看透了妈妈的心思，说：“这是孩子正常的身心发展阶段，他们习惯把很多东西占为己有，也喜欢让自己囤积更多的零食。等过了这段时间，孩子大了，自然就好了。”

通常情况下，孩子在3~4岁进入占有敏感期。顾名思义，占有敏感期就是孩子喜欢占有很多东西，这样一来他们才能感受到支配完全属于自己的东西的快乐。很多父母都无法理解孩子这样的感受，例如事例中甜甜的妈妈，总觉得零食就放在家里，摆在客厅里，都可以随时吃随时取，孩子为何还非要占有这些零食呢？其实，这是因为妈妈不懂甜甜的心思。对于甜甜而言，只有完全拥有某一件东西，并且有绝对的权利支配这个东西的时候，他们才能感受到拥有和支配这些东西的快乐，也才能超越对这件东西的占有，领略到精神层面的意识。

对于孩子们而言，完全占有这些东西，也为进行交换做好了准备。否则，孩子们对于属于家里的东西，是没有交换权利的。从这种意义上而言，占有也是为孩子展开人际交往做准备。在大自然里，很多动物为了划定属于自己的界限，或者以气味作为自己地盘的标志，还有的动物会撒尿来圈定属于自己的地方，这都属于占有行为。为了尊重孩子占有的欲望，满足孩子占有的需求，父母可以为孩子准备一个独立的空间，例如孩子有属于自己的房间，或者有属于自己的衣柜、抽屉等。这些空间是完全属于孩子的，父母不会轻易进入这个空间，即使真的有必要进入，他们也会首先征求孩子的同意，然后再去孩子的私人空间里做客。在这样的成长环境中，孩子的占有欲得到尊重，也会顺利度过占有敏感期。

其实，占有欲并非是孩子独有的，而是人类与生俱来的本能。从这个角度而言，孩子喜欢占有是很自然的行为，父母完全无须紧张，而只需要对孩子理性引导，让孩子拥有更加宽容博爱的胸怀，孩子自然能够顺利度过占有敏感期。此外，父母还需要注意的是，处于不同年龄段的孩子，他们占有欲的表现也是完全不同的。在三岁之前，因为思维能力的局限，孩子的占有欲还没有那么强烈。等到三岁之后，孩子的思维能力得以发展，而且他们也具备一定的行动能力，可以给思维能力以支持，因而他们就把占有真正落实到实处。在这种情况下，父母可以引导孩子感受分享的快乐，而不要一味地强迫孩子不要占有，或者强制性地分享孩子占有的东西，否则只会起到事与愿违的效果。

第06章

4～5岁敏感期：小小“社会人儿”开始建立社会属性

还记得看过一部电影，名字叫《我是谁》。在这部电影中，主人公失忆了，进入一个完全陌生的生存环境之中，因而始终在探寻自己的身份。一个人，可以不知道自己的去路，但是一定要知道自己的来处。孩子也是如此，在成长到一定阶段后，他们就开始探寻和确定自己的身份，这是一个漫长的过程，也是孩子自我追寻的过程。

身份确认的敏感期：我知道我的身份

每个新生儿呱呱坠地的时候，都以为自己与这个世界是一体的。然而随着不断的成长，他们渐渐长大，到了四五岁的时候，世界在孩子眼中变了模样，再也不是他们刚出生时看到的样子。这其实不是世界改变了，而是孩子看待世界的视角改变了。孩子在生命力的驱使下，感受到一个全新的世界，也感受到自己决然独立于世的存在，所以他们迫不及待地想要探寻自己与这个世界之间的关系。看起来，这个问题对于孩子而言似乎太过深奥，但是这是生命的自然力量使然，也恰恰是在这个过程中，孩子们才开启了生命之旅的崭新阶段。

在此之后的人生中，孩子们必须要完成两个重要且关键的任务，第一个是孩子们需要建立自我形象和他人形象，不管是自我形象还是他人形象，都应该是持续稳定的。第二个是孩子们必须进行客观的自我评价，既认识到自己的缺点和不足，也认识到自己的优点和长处，从而才能满怀信心，建立自信。

父母再爱孩子，也不可能陪伴孩子一辈子。在孩子三岁之前，父母还可以更多地陪伴在孩子身边，无微不至地照顾孩子，但是当孩子三岁之后，他必须走出家门，去到幼儿园参与集体生活。也就是说，随着不断成长，孩子不在父母身边的时间会越来越多。在这种情况下，孩子如何才能获得安全感呢？他们已经长大，不能再像小时候一样一旦发现父母不在身边，就歇斯底里地哭泣。为此，渐渐走向独立的孩子必须为自己建立一个强大的内心形象，从而给予自己勇气和毅力，勇敢地面对这个世界。在这种情况下，孩子们就要追寻“我是谁”的问题，从而才能在成长的道路上走得更好。

很多父母都有过孩子初入幼儿园的经历，也知道孩子在最初进入幼儿园的时候，是内心惶惑不安且很无助的。的确如此，别说是孩子了，就算是成人，在面对突然失去依赖的环境时，也会备感艰难。可想而知，在这种情况下，孩子们一定在内心里渴望自己能够变得高大威猛，就像超人，就像变形金刚，就像是无所不能的神仙。因而在这个阶段，孩子们很喜欢把自己打扮成喜欢的强大形象，例如有的女孩找一块雪白的纱布披在身上，说自己是白雪公主，有的男孩找一块床单披在身上，说自己是超人。其实不仅孩子会崇拜偶像，很多成人也有偶像。在崇拜偶像的过程中，孩子不断地成长，也让自己的精神变得更加强大起来。而很多成人，则通过偶像的激励作用不断地鞭策自己前进，也不断地提升和完善自己。

当看到孩子打扮成奇异的形象出现，很多父母都会感到奇怪，因而制止孩子的行为。实际上，既然孩子的行为没有影响到任何人，而且对于他们的身心发展和身份确认有很大的好处，父母又为何要禁止孩子把自己装扮成幻想之后的样子呢？

在身份确认敏感期，很多孩子都会有偶像，而且他们会全心全意、拼尽全力地模仿偶像。也许孩子的行为表现在成人眼中很怪诞夸张，对于孩子而言，这一切都再正常不过。他们通过幻想来确定自己的身份和位置，他们也通过崇拜和模仿偶像不断地成长。当然，在进入身份确认敏感期的高潮时期之后，孩子未必只会模仿一个偶像，而很有可能同时学习很多个偶像。这样一来，孩子就可以集合众多偶像的所长，从而不断地提升和完善自己，也给自己的成长带来更多的精神力量。当几个孩子崇拜同一个偶像的时候，他们还有可能在一起做游戏，扮演不同的角色，重复偶像曾经经历的情节。

除了影视剧中虚拟的偶像之外，孩子们还会崇拜现实生活的人，并且将他们作为自己的偶像。例如，有的孩子崇拜老师，有的孩子崇拜爸爸，也有的孩子崇拜小伙伴。身边的积极榜样，对于孩子的成长会起到更加积极的引导作用。孩子如果崇拜身边的人，每天又与身边的人朝夕相处，那么他们就会在潜移默化中模仿偶像的诸多表现，也会在与偶像不断相处的过程中，汲取精神上的力量和勇气。正因为偶像对于孩子的成长有如此神奇和巨大的作用，明智的父母恰恰可以抓住孩子身份确认的敏感期，借助于偶像的力量，引导和影响孩子。有的时候，偶像的作用还能帮助孩子改掉很多缺点，也能激发孩子内心的潜在力量，从而帮助孩子变得更加强大起来。

绘画的敏感期：我喜欢画画

在三岁半的时候，甜甜有一段时间特别喜欢绘画，每天都拿着彩笔画，给涂色本涂色。在坚持练习的过程中，她涂色涂得越来越好，而且也能画出简单的形状来。有一次，她画了一只鸟，看起来还真像一只凤凰呢！后来，甜甜不太愿意画画了，也许是觉得累了，对于涂色也没有那么感兴趣。奶奶对此还感到纳闷儿。

四岁半的时候，甜甜突然又对画画表现出浓厚的兴趣。有一天，甜甜在妈妈为她准备的画板上，画了一个类似于苹果的简笔画。妈妈问甜甜："甜甜，你画的是什么呢？"甜甜当即拿起笔继续给苹果涂上五颜六色，然后告诉妈妈："妈妈，我画的是彩色樱桃。"听到这个名字，妈妈觉得很新奇，不知道甜甜为何突然间想起来画樱桃，因而问甜甜："甜甜，你为什么要画樱桃呢？"甜甜说："因为樱桃很好吃。"妈妈继续问："甜甜想吃樱桃吗？"甜甜点点头，说："想！"次日，妈妈买来樱桃，甜甜果然吃了很多樱桃，原来甜甜是思念樱桃了呀！

人们常说，日有所思，夜有所梦，对于孩子而言，也许是想到要吃什么，手里就会不知不觉间画出什么。事例中的甜甜突然画了一个五彩樱桃，那么漂亮，妈妈意识到甜甜应该是想吃樱桃了。果然，甜甜真的馋樱桃了，因而吃了很多樱桃。很多孩子都无法意识到他们画出来的东西正是他们潜意识的表现，而作为父母，要了解孩子的绘画语言，才能真正走入孩子的内心。为了激发孩子的绘画热情，发展孩子的绘画能力，也帮助孩子发展智力，父母还可以为孩子创设有助于发展绘画兴趣的天地，让孩子尽情地画。

在半岁之后，一岁之前，婴儿就能够借助于拇指和食指的力量相互配合，从而拿起来细小的东西。手指的精细活动，为孩子未来的书写和绘画奠定了良好的基础。正是在此前提下，很多孩子一岁多就能够画画。然而，因为他们的手部肌肉发育还不够完善，手部力量也不够强大，所以他们常常请求父母为他们绘画。等到两岁之后，孩子可以进行简单的绘画，例如线条、圆圈、符号等。尽管孩子绘画方面的能力有限，但是他们拥有绘画的热情，因此依然对绘画全心投入，怡然自乐。随着年龄的增长，孩子的绘画能力也得以提升，但是对于三岁之后的孩子画出来的画，父母依然会觉得一头雾水，根本不知道孩子画的到底是什么。这个阶段，孩子绘画之前还是没有构思的，但是他们会根据自己画出的形状，联想到某些形象，从而告诉父母他们画的是什么。例如他们画了一个椭圆形说是妈妈，这个椭圆形四周还有四条短短的线条，他们解释为那是妈妈的手脚。在孩子的解释之下，爸爸妈妈的确能够大概联想到孩子所画的形象，但是如果孩子不说，他们绝对想不到孩子画的是什么。

在四岁之后，六岁之前，孩子们开始有意识地绘画，即他们会画出自己印象中最深刻的东西。在此期间，孩子的绘画能力得以快速发展，他们甚至能够画出自己所知道的东西，例如孩子最爱吃樱桃，他很容易就能画出樱桃，而且看起来还有模有样的。六岁之后，孩子的绘画明显变得立意更加深刻，他们从粗犷的风格转化为细致入微的风格，而且能够把自己的心情和感受也表现在绘画上。不得不说，孩子们天生就有绘画的能力，正因为如此，他们对于绘画才那么热情和痴迷。在绘画的过程中，孩子们听从心的召唤，更加贴近自己的心灵，也可以说绘画让他们觉得非常轻松和自然，也让他们更加感受到自己的力量。

需要注意的是，这个阶段的孩子自控能力还比较差，是非观念也没有那么强烈，往往缺乏自制力。当对于绘画的热情很大的时候，他们往往会控制不住自己，拿起画笔四处乱画。在这种情况下，父母一定不要禁止或者限制孩子，否则就会影响孩子的绘画热情，也会导致孩子的绘画发展受到禁锢。

也许孩子的画不能得到所有人的喜爱与欣赏，但是父母一定要承担起欣赏孩子绘画热情和作品的重要角色，这样才能让孩子在艺术的海洋里尽情地遨游。父母还要记住，没有孩子生而就是大画家，每个孩子都要经历乱画的过程，才能有意识地绘画，也才能创作出绘画的作品。作为父母要有耐心，要对于孩子的很多表现都真心地欣赏和期待，从而才能激励孩子不断成长，也发展自身各个方面的能力。绘画是孩子的语言，当父母真心深入孩子绘画的天地，就能从中了解孩子丰富多彩的内心世界。

出生和性别的敏感期：我来自哪里

有一天，妈妈正在厨房里做饭，甜甜正在客厅里看动画片，突然，甜甜跑过来问妈妈：“妈妈，我是从哪里来的？”甜甜的这个问题猝不及防，让妈妈一时之间根本不知道如何回答，为此，妈妈支支吾吾半天，只好以正在做饭为理由让甜甜先去看动画片。但是妈妈承诺甜甜晚一点会告诉她答案，看着甜甜期待的眼神，妈妈知道自己是逃不过这个难题了。

看到甜甜回到客厅去看电视，妈妈第一时间就在微信上向爸爸求助。爸爸也不知道如何回答这个问题，只好让妈妈去百度上查一查，看看其他爸爸妈妈遇到这个问题的时候是如何解答的。妈妈原本想欺骗甜甜，说甜甜是从外面捡回来的，但是百度告诉妈妈这么做是不好的，很容易让孩子产生混乱的认知，为此妈妈又否定了这一回答。妈妈查阅了很多资料，最终决定对甜甜实话实话。

做完饭，妈妈和甜甜开始安静地聊天。妈妈问甜甜：“甜甜，是不是有人说你长得像爸爸，也有人说你长得像妈妈呢？”甜甜点点头，反问妈妈：“为什么我和你们俩长得都很像啊？”妈妈笑了，说：“因为你是爸爸和妈妈一起造出来的啊！”甜甜感到很神奇：“怎么才能造出来呢？”妈妈说：“妈妈和爸爸很相爱，还结婚了，所以就想拥有一个属于我们俩的孩子。为此，我们就从爸爸身上取了一点东西，又从妈妈身上取了一点东西，然后把这两个东西就像揉面一样揉在一起。这个东西就有了生命，不断地长大，就变成你了。就因为你身上既有爸爸的东西，也有妈妈的东西，所以你才和爸爸妈妈都长得很像呢！”听到妈妈这样的解释，甜甜觉得很满足，笑着说：“原来，我既来自爸爸，也来自妈妈啊！”看着甜甜安心的样子，妈妈很庆幸自己没有欺骗甜甜。

相信很多父母都曾经遭遇孩子尴尬的提问：我是从哪里来的。实际上，这个问题并不难堪，也无须回避，而作为孩子更不是故意让父母感到尴尬。只是因为一直以来的传统思想，让父母在面对孩子这样的提问时，常常觉得不知道该如何回答。有一些父母更是感到困惑：孩子为何会提出这样难以回答的问题呢？当孩子提出这样的问题时，往往意味着孩子已经进入出生和性别的敏感期，他们对于自己的来处表现出浓厚的兴趣。

面对这样尴尬的问题，很多父母对孩子敷衍了事，甚至以谎言欺骗孩子，说孩子是从垃圾桶里捡出来的，是从河里捞出来的，等等。这些回答千奇百怪，都是父母们绞尽脑汁想出来的，但是他们却没有意识到，他们如何回答这个问题往往关系到孩子的安全感和幸福感。这个问题说简单也简单，是生物学范畴内的问题，而有史以来，这个问题更是被作为古老的哲学问题，难倒了无数个哲学家。孩子很想知道自己的来处，这是因为他们需要从中获得安全感。当孩子问出这个问题的时候，作为最爱孩子的父母，一定不要回避，更不要觉得尴尬和无法回答，而要以科学作为基础，通过合理的方式解答孩子的疑问。唯有采取积极的态度对待和解答这个问题，父母才能帮助孩子度过出生敏感期，也让孩子真正领悟生命的真谛。

在进入出生敏感期的同时，孩子们也进入了性别敏感期。当孩子五岁的时候，他们对于出生和性别都会感到好奇，也表现出浓厚的兴趣。尤其是当父母告诉他们不能把生殖器露出来的时候，他们更是觉得很奇怪：为何生殖器不能露出来，而且大家似乎都很重视生殖器呢？孩子对于出生、性别的敏感并非空穴来风，而是孩子在形成自我意识的过程中必然要经历的思想阶段。

从呱呱坠地开始，孩子们就已经在进行学习，取得性别认同。对于孩子的好奇心，父母千万不要刻意逃避，更不要想出各种方法来欺骗孩子，否则就会导致孩子更加好奇，也不会因为父母的搪塞就对这个问题不再追究。此外，父母也不要采取撒谎的方式欺骗孩子，否则孩子一旦形成错误的思想认知，未来就会受到负面的影响，成长也会遇到障碍。作为父母，为何不能以科学的严谨态度对待孩子的出生和性别敏感问题呢？只要父母能够怀有正确的观念，就像教会孩子认识眼睛、鼻子和嘴巴等五官一样教孩子认识生殖器官，困扰孩子的难题就会迎刃而解。此外还需要注意的是，在给孩子讲解性别的时候，父母还要对孩子进行安全教育，让孩子学会保护自己。安全问题，是每个父母最关心孩子的问题，因而安全问题一定要警钟长鸣，才能最大限度地保护好孩子。

婚姻的敏感期：我要和爸爸结婚

有一天，妈妈接了甜甜从幼儿园放学，甜甜突然一本正经地告诉妈妈：“妈妈，我要结婚了。”妈妈简直把下巴都要惊掉了，问：“你要和谁结婚？”甜甜说：“当然是和爸爸啊，我要和爸爸结婚了。”妈妈不由得笑起来，反问甜甜：“但是妈妈已经和爸爸结婚了，你还怎么和爸爸结婚呢？”甜甜很生气地对妈妈说：“你不能和爸爸结婚，我要和爸爸结婚。”妈妈无奈，只好说：“好吧，那你就和爸爸结婚吧！”

回到家里，甜甜刚刚看到爸爸，就扑到爸爸怀里，搂着爸爸的脖子，亲昵地说：“爸爸，我要和你结婚。”妈妈嗔怪道：“怪不得人家都说闺女是爸爸上辈子的情人，你看看吧，你闺女才这么小，就要和你结婚。”爸爸说：“哈哈，你吃醋啦。你又不是不知道，甜甜现在五岁，已经进入婚姻敏感期，但是她很崇拜爸爸，觉得全家就爸爸最高最强壮，那么她当然想和爸爸结婚了。”

事例中，甜甜进入了婚姻敏感期，所以才会提出要和爸爸结婚。有的时候，孩子对于自己的“结婚对象”还会表现出更深厚的爱意和浓浓的喜欢呢。他们会把自己喜欢的东西分享给“结婚对象”，即使对别人很小气，对于“结婚对象”也绝不小气。尤其是女孩，在进入婚姻敏感期之后还会对白纱裙特别感兴趣，因为在她们稚嫩的心中，只有美丽的新娘才能穿上漂亮的白纱裙。

看到这种情况，很多不知道婚姻敏感期的父母会误以为孩子是早熟了，甚至觉得孩子因为从影视剧上受到了不良影响，所以才说出这样害羞的话来。实际上，这不是早熟，而只是在经历正常的生命历程——婚姻敏感期。孩子的婚姻敏感期建立在他们对自己的出生、性别的了解之上，但他们对于异性会有异样的感觉，对于自我也怀有强烈的好奇心，他们就会萌生出对婚姻的憧憬和渴望。父母需要知道的是，这么小的孩子并不知道成人的爱情和婚姻，他们是在性别意识逐渐形成的基础上，因而对异性产生好感。尤其是对于四五岁的孩子而言，他们正在探索和了解更复杂的人际关系，而从小就在家庭生活中长大的他们，对于婚姻生活耳濡目染，所以自然把婚姻排在他们向往的第一位。从本质上而言，婚姻是社会生活中的人际组合形式，当孩子逐渐认识婚姻，也正意味着他们开始了解社会组织形式。

除此之外，孩子的感情是非常简单纯粹的，他们之所以要和某个人结婚，正意味着他们喜欢这个“结婚对象”，所以用选定对方结婚的方式表达自己的喜爱和感情。孩子们不但会提出要和自己的爸爸妈妈结婚，还有的孩子因为和爷爷奶奶接触的时间比较多，还会提出要和爷爷奶奶结婚。如果在幼儿园里有喜欢的同伴，他们也会选择和同伴结婚。从心理学的角度而言，这是孩子对美好感情的向往和憧憬，象征着他们对真善美的追求，是无可指责的。随着年纪的增长，父母们会发现有些孩子还在一起玩起了过家家的游戏，他们之中有人扮演爸爸妈妈，有人扮演孩子，这也表现出孩子对于婚姻这种人际组合形式的向往与渴望。

随着不断的成长，孩子还会意识到父母和自己是不一样的，父母是大人，自己是孩子。有了这种意识之后，孩子不再闹着要和父母结婚，而是会“移情别恋”，喜欢上自己的同龄人，例如朋友，或者同学。在这种情况下，父母应该如何引导孩子呢？其实，孩子经历婚姻敏感期是很好的成长，如果孩子错过了婚姻敏感期，那么他们长大成人不得不面对婚姻时，就会感到非常迷惘。所以不管孩子的“结婚对象”是谁，父母都要抓住婚姻敏感期这个关键阶段，对孩子进行启迪和引导，也让孩子意识到爱情是美好的人类感情，婚姻也是组成家的方式。

音乐的敏感期：美妙的歌声

甜甜迷上了听音乐。每天早晨一起床，甜甜就打开音乐，然后自己则随着音乐翩翩起舞。甜甜听音乐很投入，几乎达到了入神的程度。有的时候，妈妈喊她好几声，她都丝毫听不见。

有一天，妈妈带着甜甜去商场里玩。正巧，有一家钢琴行正在搞活动，美妙的钢琴声如水一般流淌出来，甜甜觉得兴奋极了，当即拉着妈妈凑上前去。甜甜入神地听着音乐，站在那里很久都没有离开。妈妈问甜甜：“甜甜，你喜欢弹钢琴吗？”甜甜兴奋地说：“喜欢，喜欢。”妈妈问甜甜：“那么，我帮你买一家架钢琴，好不好？”甜甜当然欢呼雀跃。看到妈妈这么冲动地要买钢琴，琴行的人劝说妈妈：“孩子也许正处于音乐敏感期，喜欢唱歌跳舞弹琴。一旦过了敏感期，这份对音乐的敏感和热情是否能够持续下去，还是未可知的。所以作为父母，不要盲目地给孩子购买钢琴，毕竟钢琴价值不菲，如果闲置会很可惜。您可以先为孩子租一架钢琴，这样既可以在孩子的音乐敏感期内培养孩子，万一孩子过了敏感期对音乐的热情衰退，也不至于浪费。”妈妈觉得琴行的人说得很有道理，因而当即给甜甜租了一架钢琴，而且约定如果未来甜甜还是喜欢练琴，再来买一架质量更好的钢琴。

当孩子处于音乐敏感期，父母既要培养孩子对于音乐的热情，也要注意到孩子喜爱音乐，也许只是因为敏感期，而不要觉得孩子一定就是有音乐天赋，未来能够在音乐上有所成就。父母对于孩子一定要端正心态，不要总是对孩子有过高的期望。唯有尊重孩子成长的节奏，帮助孩子更好地成长，父母才能最大限度地尊重、理解和支持孩子，也给予孩子最好的陪伴。

很多人误以为新生命在诞生之初如同一张白纸一样是完全空白的，也是没有任何能量和力量的。实际上，有的心理学家认为，每个新生命都蕴含着才华，所以才能在生命的历程中不断地爆发出力量，也让成长为众人所惊诧。那么，孩子的这种力量是什么呢？那就是孩子们与生俱来有学习的欲望，也有学习的驱动力。随着不断的成长，当孩子发现不同的乐器能够演奏出不同的美妙音乐时，他们也就进入了音乐敏感期，对于音乐的学习乐此不疲，非常积极主动。

三个月的婴儿，就对音乐表现出敏锐的感受力。很多细心的妈妈会发现，当怀抱着婴儿唱歌时，婴儿会很专注地感受音乐的魅力。有的时候，如果婴儿已经习惯在妈妈的怀抱里听歌，而妈妈又突然不唱歌，婴儿还会生气地哭起来，以哭声表达自己的不满。而当妈妈再次唱起熟悉的歌声，他们很快就会恢复安静，在妈妈的怀抱中安然享受着妈妈给他们带来的温暖和爱。如果经常听到歌曲，或者是父母有意识地教孩子唱歌，那么两岁前后的孩子就能学会一首简单的歌曲，例如《世上只有妈妈好》。到了三四岁，孩子还可以自主地学习唱儿歌，很多父母会发现不知不觉中，孩子就跟着动画片学会了好儿首儿歌。孩子在唱歌的时候总是很投入，他们对于音乐的感知绝不粗浅，而是在全身心投入地唱歌，学习歌曲，感受旋律和节奏的美。

心理学家在针对不同年龄段的孩子进行研究之后发现了一个规律，即两岁的孩子能够把握简单的节奏；三四岁的孩子可以重复简单的节奏和旋律；五六岁的孩子会挑选自己喜欢的歌曲吟唱，而且配合音乐的节奏，做出恰当的动作；六岁之后，孩子开始懂得欣赏音乐，在听到喜欢的音乐时，会情不自禁地沉浸其中，从而让自己在音乐方面的表现更加优秀和突出。因而当发现孩子进入音乐敏感期的时候，父母应该为孩子营造感受和学习音乐的良好环境，从而让孩子在音乐中成长，也让孩子在音乐之中变得更快乐，心灵充实。

有人说，音乐是没有国界的，由此可见，音乐可以陶冶人的情操，也让人在音乐的熏陶中开发智力。如果父母发现孩子在音乐方面有一定的天赋，还应该有意识地培养孩子的音乐天赋，引导孩子更好地成长和发展。大部分孩子的音乐敏感期都在四岁前后出现，父母要有意识地捕捉孩子的音乐敏感期，为孩子未来在音乐方面的发展奠定基础，做好准备和铺垫。

情感表达的敏感期：我的情商很高

有一天早晨六点半，妈妈和爸爸正准备出门上班呢，爸爸已经打开门开始换鞋，妈妈正在门口喝水。正在这个时候，甜甜醒了，穿着睡衣就跑到客厅。妈妈想亲一下甜甜，为此对着甜甜噘起嘴唇，这个时候，甜甜看到桌子上摆放着已经洗好的桃子，只顾着想要拿桃子，为此对于妈妈的亲密请求没有理会。妈妈以为甜甜没有听到自己亲吻的要求，也穿上鞋子准备离开，正当妈妈换好鞋子要关上门的时候，甜甜已经拿了一个大桃子，赶紧来到门口也对着妈妈噘起小嘴。妈妈赶紧俯下身亲吻甜甜，甜甜和妈妈香香了一个，这才心满意足地去吃桃子。妈妈呢，得到了女儿的香吻，自然也是心情大好。

还有一天，爸爸和妈妈在中午休息的时候，去理发了。晚上回到家里，奶奶还没注意到爸爸妈妈的头发变短了，甜甜就觉察到了，赶紧对爸爸说：“爸爸理发了，真帅气啊！”听到女儿的夸赞，爸爸不由得暗暗惊叹甜甜的情商之高，为了证明甜甜的情商，爸爸又问甜甜：“妈妈也理发了，你觉得怎么样呢？”甜甜想了想，认真地说：“妈妈理发很漂亮。”爸爸妈妈都被甜甜逗得哈哈大笑起来：这个小丫头情商这么高，长大了得多么招人喜爱啊。当然，爸爸妈妈也赶紧借此机会表扬甜甜，还夸赞甜甜呢！甜甜觉得喜滋滋的，小嘴巴越来越甜了。

甜甜明显进入了情感表达的敏感期。在这个阶段，他们从此前只关注自身吃喝拉撒的基本需求，到现在也开始关心自身和他人的情绪情感。在这种情况下，孩子对于情绪的感知更加敏锐，当自身的感情需求得不到满足的时候，他们也会表达，也会闹情绪。例如当父母出差在外很久都没有回家时，积极表达情绪的孩子会给父母打电话，告诉父母自己的思念。而消极的孩子面对思念的情绪，也许会大发脾气，以此表达自己的不满。孩子在刚刚了解情绪的时候，往往会对成人的很多表现存在误解，例如当长时间看不到父母，他们会误以为父母不要他们，这样一来，他们必然陷入焦虑紧张的状态。有的孩子还因为长期怀有这样负面消极的想法，导致自己情绪低落，郁郁寡欢。因而对于这个阶段的孩子，父母一定要表现出更多的关心，也全心全意地投入孩子的成长之中，给予孩子更多的陪伴。要知道，孩子的成长过程是不可逆的，如果父母在孩子需要的时候不能全心全意陪伴孩子，那么等到孩子长大成人，父母即使想要弥补孩子，也为时晚矣。

此外，有些孩子生性怯懦，性格也比较温吞，因而他们表达感情的方式往往是非常被动的，而且也很隐晦。在这种情况下，他们难以避免会对父母表现出“纠缠”的特性，实际上这正是孩子缺乏安全，渴望得到父母关爱的表现。在这种情况下，父母不要对孩子不耐烦，也不要索性推开孩子，否则就会导致孩子更加缺乏安全感，也会使得孩子变得更加困惑，内心脆弱。正确的做法是，给予孩子足够的关爱，让孩子从父母那里得到安全感。

还需要注意的是，在情感表达的敏感期，孩子的情商也开始发展。当孩子表达对父母的爱与关注时，父母千万不要否定孩子的情绪表达，而应该更加积极地鼓励孩子，也引导孩子学会表达情感与情绪。在传统观念的影响下，很多父母不习惯于表达爱，当孩子自然地对他们表达爱的时候，他们还会觉得不好意思。不得不说，这种观念和想法是落后的，父母对孩子的爱不仅要表现在行动上，更要挂在嘴边上。父母每一次对孩子表达深厚的爱意，孩子都会觉得安全踏实，也会获得更好的亲子关系体验。

第 07 章

5 ~ 6 岁敏感期：融入集体开始人文知识的学习和传承

五六岁的时候，孩子已经习惯了幼儿园里的生活，也真正走出家庭，开始适应社会生活，真正成为社会生活的一分子。在六岁之后，孩子进入小学一年级开始学习，这对于孩子一生的成长都有至关重要的意义。在这个阶段，父母要注重培养孩子遵守社会规则，也要引导孩子进行积极的学习，这对于孩子是非常重要的。

社会规则的敏感期：我要遵守规则

转眼之间，甜甜即将升入幼儿园大班，已经成为一个大姑娘了。妈妈发现，在幼儿园的学习生活中，甜甜学会了很多知识，尤其是更懂得遵守社会规则，这让妈妈备感欣慰。不过有的时候，甜甜也会对遵守社会规则表现出一定的执拗，这让妈妈啼笑皆非，不知道该如何对待“固执”的甜甜。

有一个周末，妈妈带着甜甜去超市购物。还没买什么东西呢，爸爸就来电话说要接上妈妈和甜甜一起去做客。爸爸赶紧把挑选的东西放回原处，但是因为甜甜要喝水，所以妈妈就留下一瓶水。爸爸在超市楼下不好停车，因而电话催得很急。妈妈看到前面还有七八个人呢，因而和排队的人商量能不能让她先结算一下。排队的人都很和气，都同意让妈妈先结算，为此妈妈急急忙忙拉着甜甜往队伍前面走，想要结账出去。这个时候，甜甜突然拖拉着屁股不愿意朝前走。妈妈很生气，问甜甜怎么了。甜甜眼睛里含着眼泪，委屈地说：“妈妈，你要排队。”妈妈和甜甜解释：“甜甜，爸爸正在楼下等咱们，而且没有地方停车。妈妈已经和大家说过了，咱们就一瓶水，先结账，就能出去了。”甜甜还是坚持自己的意见：“妈妈，你必须排队，老师说不能插队。”妈妈继续和甜甜解释，但是甜甜对于妈妈的解释充耳不闻，仍然对妈妈不依不饶。

无奈之下，妈妈只好乖乖地站在队伍的最后面，耐心地等着队伍前进。大概等了七八分钟，才轮到妈妈结账。这下子，甜甜高高兴兴地和妈妈一起结账，然后飞快地奔去楼下找爸爸。

孩子从没有排队意识，到开始主动坚持排队，这期间的进步是很大的。对于父母而言，当发现孩子进入社会规则敏感期，而且主动遵守规则，一定要尊重孩子守规则的意识，也要支持孩子遵守规则。这样一来，孩子才能更乐于遵守规则，也真正养成遵守规则的好习惯。常言道，好习惯让人受益终身，对于孩子而言，好习惯也有利于他们的成长。前几年，有在动物园下车被野生动物伤害的事件发生，从中也可以看出很多成人都不懂得遵守规则，也为此而付出了惨重的代价。所以父母一定要抓住孩子的社会秩序敏感期，在此期间培养孩子遵守规则的意识，帮助孩子养成遵守规则的好习惯。唯有如此，孩子未来的成长才会更加顺遂如意，孩子的人生也才能因为遵守规则，更加秩序井然。

细心的父母会发现，在成长的过程中，孩子会模仿父母做出很多行为，实际上，这正是孩子在学习的过程。他们会模仿父母扫地擦桌子，甚至模仿父母说话，还学着父母的样子打电话。在这些琐碎的细节中，孩子渐渐地成长，也会变得越来越像模像样，成为一个不折不扣的社会人。在此过程，孩子的自我意识也在不断地发展，他们的自尊心越来越强，希望得到他人的尊重和平等对待，也希望自己在很多事情上的表现都符合父母的预期。每当感受到自身的权益受到伤害的时候，他们就会很失望，也很伤心。为此，他们往往做出过激的举动，甚至比成人的权益受到威胁的时候表现得更有力量，更加激烈。这一切的行为表现，都意味着孩子已经进入社会规则敏感期。在此阶段，他们最大的愿望就是希望自己能够被当作成人对待，也希望自己真正成为成人中的一员，得到成人的尊重和理解。

在社会规则敏感期，孩子从接受父母无微不至的照顾，到渐渐地自我意识觉醒，也很想锻炼自己各个方面的能力。为此，他们不再愿意凡事都被父母包办，而是想要从容地做自己该做的事情，也理性地发展自身的能力，提高自身的水平。明智的父母在意识到孩子进入社会规则敏感期之后，不会再一味地代替孩子去做每一件事情，而是会抓住这个关键时期，有的放矢地帮助孩子发展能力。例如他们会让孩子做自己力所能及的事情，让孩子在家庭生活中承担起做家务的责任，也会让孩子更加理性从容地面对成长。每一个孩子的成长都是漫长的过程，做每一件事情也都是从不会到会的过程。在此期间，父母一定要多多地激励孩子，而不要总是肆意打压孩子。否则，就会伤害孩子做事情的积极性，也导致孩子不愿意继续努力地成长。唯有用心呵护孩子脆嫩的心，父母才能成为孩子成长的陪伴者，也才能最大限度地激发出孩子对待生命的热情，让孩子充满力量地生长，充满热情地面对人生。

自然敏感期：我最喜欢小动物

周末，爸爸妈妈带着甜甜和哥哥乐乐去花鸟虫鱼市场。原本，妈妈是准备买一些花放在家里的，没想到，甜甜一看到小仓鼠、小白兔，就走不动了。她饶有兴致地观察小仓鼠，也伸出手去摸一摸小白兔。看到甜甜这么喜欢小动物，妈妈思来想去，决定给甜甜买两只小仓鼠，这是因为小仓鼠长不大，更容易打理。否则，如果买一只小兔子，小兔子越长越大，家里根本没有地方可以放呢！

甜甜还特别喜欢小狗，缠着妈妈给她买一只小狗。妈妈一本正经地对甜甜说："甜甜，如果你喜欢小狗，我们可以经常来看小狗，但是不能买一只小狗。咱们家里住在高楼，没有院子，不能养小狗。只有有院子的人家，才能养小狗。"看到妈妈说的话斩钉截铁，甜甜只好接受了妈妈的建议。不过，甜甜还是和妈妈确定："妈妈，那么每个月都带我来看一次小狗，好不好？"妈妈点点头，说："妈妈还可以带你去动物园，就能看到河马、熊猫和其他动物，好不好？"甜甜这才破涕为笑。

到了五六岁，孩子们对于大自然会表现出特别浓厚的兴趣，这就意味着孩子进入了自然敏感期。孩子对大自然感兴趣，他们就会对花花草草，对大自然里的各种生物都感兴趣。其中，最能够吸引孩子注意力的，无外乎小动物。尤其是那些娇小的动物，更是会吸引孩子的注意力，也激发出孩子的保护欲。他们会耐心细致地照顾这些小动物，把自己称呼为妈妈或者爸爸，还煞有介事地为小动物起名字，就像自己真的有了一个心爱的孩子一样。除此之外，孩子还会留意到花开、草木发芽等大自然中的神奇现象。在这个阶段，父母一定要有耐心和爱心，和孩子一样对大自然充满浓厚的兴趣，也顺应孩子的行为，和孩子一起去爱护花花草草，爱护小动物。在此过程中，原本习惯了接受父母照顾的孩子，会越来越有爱心，也能够耐心照顾自己喜爱的生物。

从生命的角度而言，孩子对于大自然的热爱，可以帮助他们了解生命的起源和历程，也可以让他们更加从容地面对这个世界。随着不断的成长，孩子对于生命越来越感兴趣，他们的探索欲望更加强烈，也希望通过对大自然的探索，探究生命的真相。在此过程中，孩子不断地发现，不断地成长。从本质上而言，人类也是大自然的一个重要成员，因而孩子在还没有成长为成熟的社会人之前，会有更多的自然属性。为此，父母一定不要限制孩子亲近大自然，唯有在与自然亲密接触的过程中，孩子才能更加健康茁壮地成长。

很多父母会担心小动物带有细菌，容易感染孩子，导致孩子的身体健康受到损害。还有的父母担心孩子连自己都照顾不好，如何能够照顾小动物呢？实际上，父母要相信孩子的能力，相信孩子是可以照顾好小动物的。当发现孩子照顾小动物很吃力时，父母还可以给孩子提供便利的条件，或者教会孩子照顾小动物，也可以帮助孩子照顾小动物。这样一来，孩子照顾小动物的能力渐渐增强，他们甚至也可以很好地照顾自己。对于孩子而言，很多事情都有一个从不会到会的过程，父母一定不要紧张孩子亲近小动物，否则就会阻碍孩子探索大自然、探索生命的欲望。其实，只要注意卫生条件，就能保障孩子的安全，当然这方面的工作是需要父母用心去做的。世界上的很多事情都有风险，但是人不能因为风险就完全地封闭自己。只有怀着开放的态度，孩子的眼界才会更开阔，孩子的人生也才会有更好的成长和发展。

阅读敏感期：书本真奇妙

有一天晚上，妈妈给甜甜洗完澡之后，自己也开始洗澡。等到妈妈洗完澡出来之后，发现甜甜没有坐在阳台的吊篮上看动画片，不由得很担心。妈妈赶紧每个房间里找甜甜，后来却发现甜甜在哥哥的房间里坐着呢，而且和哥哥一样正在捧着一本书津津有味地看书呢。妈妈感到很惊喜，因为哥哥三四岁的时候就很喜欢看书，但是甜甜一直没有表现出对阅读的兴趣，因而妈妈当即表扬甜甜："甜甜真棒，在和哥哥一起看书啊。甜甜要向哥哥学习，和哥哥一样爱看书，好不好？"甜甜点点头，指着书中的画册对妈妈说："妈妈，看看，书里还有一棵大树呢！"就这样，每天晚上，在哥哥的带动下，原本痴迷于看动画片的甜甜，渐渐地爱上了看书。

妈妈为甜甜买了很多经典的绘本，有的时候，哥哥也会给甜甜讲故事。为了营造良好的阅读氛围，妈妈还发动爸爸晚上也不要看电视。就这样，全家四口人每天晚上都有亲子阅读时光，在爸爸妈妈和哥哥的影响下，甜甜也越来越喜欢阅读。

五六岁的时候，孩子进入阅读敏感期，在这个阶段，细心的父母会发现孩子们对于阅读的热情空前高涨，而且特别积极主动地阅读，特别爱阅读。从心理学的角度而言，当孩子处于不同的敏感期，他们都会对相应的事情表现出浓厚的兴趣，也因为有兴趣作为激励，所以他们丝毫不觉得自己所做的事情是很辛苦和劳累的。正因为如此，父母一定要抓住孩子的阅读敏感期，在此阶段培养孩子的阅读兴趣，也让孩子真正地爱上阅读。

众所周知，阅读对于孩子的成长起到至关重要的作用，爱阅读的孩子才能打开认知世界的窗口，从书籍中学习到更多的知识，也开阔自己的眼界和心灵。爱阅读的孩子，足不出户就能了解整个世界，也能够在书中跟随文字的指引熟悉上下五千年。总而言之，爱阅读的孩子多了认知和了解世界的途径，读到的书越多，他们就越是能够眼界开阔，心灵充实，人生自然也与众不同。

当然，五六岁的阅读敏感期，其实已经是孩子经历的第二个阅读敏感期。孩子最早的阅读敏感期出现在三岁前后，在第一个敏感期内，孩子还不认识很多字，为此，他们只能央求父母读书给他们听，或者看一些简单的绘本。度过这个敏感期之后，孩子们来到第二个阅读敏感期，在此阶段，孩子们已经认识更多的字，也可以做到半独立阅读，因而他们对于阅读的兴趣会更加浓厚。

作为父母，一定要注意的是，孩子的大多数敏感期都是不请自来的，但是阅读敏感期却不同。阅读敏感期必须由父母提供阅读的环境给孩子，刺激孩子对于阅读的兴趣，这样孩子才会顺利进入阅读敏感期。换而言之，假如家庭里没有读书的氛围，而且孩子根本没有机会接触到图书，那么就会导致阅读敏感期出现的时间推迟，甚至错过阅读敏感期。如今有很多年轻时尚的父母育儿观念很先进，因而他们在孩子很小的时候，就会引导孩子读书。市面上有很多适合不同年龄段的孩子阅读的书，就连几个月的婴儿也有图书可以阅读，只要父母有心，总是可以刺激孩子顺利进入阅读敏感期，从而努力培养孩子爱阅读的好习惯。

需要注意的是，学龄前的孩子往往缺乏意志力和自抗力，这样一来，他们很难靠着理性约束自己主动阅读。明智的父母知道仅靠着强迫要求孩子阅读是不可行的，其实培养孩子的阅读习惯，最关键的在于要培养孩子的阅读兴趣。要想培养孩子的阅读兴趣，一味地告诉孩子阅读有什么好处，显然是行不通的。父母要为孩子营造良好的阅读氛围，以身示范，给孩子做出好榜样。这样一来，孩子才能通过向父母学习，也与父母在浓厚的书香氛围中坚持读书，渐渐地领略到阅读的乐趣，从而坚持阅读，养成阅读的好习惯。

进入阅读敏感期之后，紧接着出现的就是书写敏感期的高峰。实际上，孩子在三四岁期间就进入书写敏感期，而在五六岁的时候，书写敏感期会进入高峰，发展迅猛。在书写敏感期里，每个孩子作为独立的生命个体，他们的表现也是不同的。书写敏感期出现的时间有早有晚，还有些孩子在书写敏感期的表现截然不同，或者明显，或者不明显。大多数孩子在书写敏感期里，都要经过一个相似的过程，即一开始他们还无法很好地控制笔，只能用笔在纸上不规则地胡乱戳点。随着手部力量的增强，手部的动作也更加精细灵活，他们渐渐地可以在纸上画直线。尽管他们画出来的直线一点都不直，但那就是直线，确凿无疑，还有些孩子能够画出圆圈。正是在这样不断锻炼的过程中，孩子们的书写能力才逐渐增强，也能够写出看起来中规中矩的汉字。这与孩子手部力量的增强，书写能力的提升，都是有密切关系的。由此可见，孩子书写能力的不断发展，也要遵循循序渐进的过程，必须各个方面的条件都达到，才能更好地发展。

在孩子的书写敏感期内，父母还应该激励孩子多多地写写画画。很多父母觉得孩子写得不好，画得也不好，常常否定孩子。殊不知，这个阶段最重要的是培养孩子书写的兴趣，而无法要求孩子把书写提上更好的水平。此外，父母还应该为孩子营造良好的书写氛围，给孩子进行书写示范。孩子本身的模仿能力就很强，也通过不断地模仿坚持学习，那么父母对于孩子的言传身教就会起到很好的作用和效果，也能够让孩子在成长中更加事半功倍。

此外还需要注意的是，很多父母都会有一个认识误区，那就是觉得孩子不认识字，是无法阅读的。不得不说，当父母持有这样的观念，一定是孤陋寡闻的。因为现在有很多经典的绘本，情境结合，让孩子不认识字也能读书。孩子对于图形的感知能力很强，再加上他们拥有丰富的想象力，所以往往能够看懂这些图书，从而乐在其中。父母要引导孩子阅读，而不要过多地干涉孩子如何阅读，父母要做的就是在为孩子营造良好的阅读氛围之余，还要为孩子挑选优质的图书，让孩子接受最好的精神食粮。

数学的敏感期：我喜欢玩数字游戏

在人类的智能结构中，有一个至关重要的基础能力，那就是数学能力。在对大自然展开探索的过程中，人们首先要认识各种数量关系，也要对物品的形状和空间关系进行深刻认知。在此基础上，人们才能对自然进行更加深入的认知，也才能利用空间概念对大自然进行积极有效的改造。需要注意的是，数学能力并非与生俱来的，新生儿在呱呱坠地的时候，对于数字根本没有概念。只有通过后天坚持不懈的学习，还要接受一定的数学训练，孩子们的数学能力才能得以发展。

到了五六岁，孩子们经过一段时间的学习和深入了解这个世界，智力水平也水涨船高。如果说孩子们此前只能理解具体形象的世界，那么在智力提升的前提下，他们也开始认知抽象的符号。正是在做好这些身心发展的准备之后，孩子们才开始对抽象的数学感兴趣，也才真正进入数学敏感期。父母一定要敏感觉察到孩子数学敏感期的到来，这样才能抓住这个关键时期启迪孩子的数学思维，也对孩子进行有效的数学引导。数学是人类各门学科中的基础学科，启迪孩子的数学思维，培养孩子对于数学学习的兴趣，这对于孩子的一生都会起到积极而又重要的影响。

和其他敏感期一样，每个孩子数学敏感期出现的早晚也是各不相同的。很多孩子比较早慧，小小年纪就能数数，也认识数字，甚至还能进行简单的加减法。而有的孩子对于数字很不敏感，数学敏感期出现的非常晚，到了六七岁也还不能数数，不能进行简单的加减法练习，这导致他们在进入一年级之后数学学习很吃力。看到这种情况，有些父母也许会感到困惑，既然孩子的数学敏感期有可能出现得那么早，那么我是否可以通过人为刺激孩子的数学思维能力，让孩子尽早进入数学敏感期，从而在学习上先人一步呢？当然不行。通过父母的教授，很多孩子的确掌握了一些数字，但是这并不意味着孩子们就一定已经具备数学思维。很多时候，孩子只是通过强化练习和记忆，记住了关于抽象的数学符号，而完全不知道这些符号的真实含义。假如父母的强化训练终止，孩子们就会忘记那些对他们而言没有任何意义的数学符号，不得不说这样的学习是揠苗助长，也是毫无意义的。与其人为地打破孩子成长的规律，不如尊重孩子内心的节奏，从而让孩子按部就班地成长。

此外，孩子也是会察言观色的，很小的孩子就会看父母的脸色。如果父母在孩子掌握了一些数学符号后就满面笑容地夸赞孩子，给予孩子物质上的奖励，那么孩子就会为了刻意讨好父母，更加主动地做出很多能够迎合父母的事情。这个原因，也是很多孩子能够强制自己记住数学符号的原因。归根结底，对于数学符号的学习，是孩子成长的表面现象，最重要的在于，孩子要发展数学能力，只有数学能力才是支撑孩子学习数学源源不断的动力。

在培养孩子数学思维的过程中，父母要更加了解孩子思维发展的规律。孩子的思想意识发展，总是要经历从具体到抽象的过程，因而父母必须准确区分出孩子的思维能力是处于具体思维阶段，还是正处于抽象思维阶段，才能更好地引导孩子发展思维，增强孩子的思维能力。与此同时，为了培养孩子的空间感，父母还可以陪伴孩子进行一些能够锻炼和提升空间感的游戏，诸如积木的堆砌等，都能卓有成效地提升孩子的空间思维能力。在日常生活中，有很多地方都能用到数学，为了让孩子对数学拥有持续的热情，父母还可以抓住各种机会让孩子发挥数学能力，进行计算或者思考。当孩子意识到数学可以学以致用的时候，他们一定觉得很新奇，也会对学习数学更加充满兴趣。

探索敏感期：十万个为什么

有一天，六岁的彤彤正在画画，当选择用什么颜色画天空的时候，彤彤陷入沉思。正在一旁的爸爸饶有兴趣地看着彤彤陷入沉思的样子，没有打扰彤彤，而是始终在观察彤彤。思考片刻之后，彤彤突然问爸爸：“爸爸，天空为什么是蓝色的，可以是绿色或者橙色的吗？也可以是红色的吧？”爸爸没想到彤彤提出这么深刻的科学问题，因而当即一本正经地对彤彤解释：“彤彤，你这个问题提得特别好，说明你已经开动小脑袋开始用心思考。实际上，太阳的光不是一种单一的颜色，而是由红橙黄绿蓝青紫组成的，是复合光。”听完爸爸的回答，彤彤更加困惑了：“但是，为什么我们只能看到蓝色呢？其他的颜色难道都被蓝色消灭了吗？”

看着问题继续向着纵深处发展，爸爸不由得沾沾自喜：“你这个小家伙提出的问题还真犀利，如果爸爸不是学习物理专业的，只怕还无法回答你这个问题呢。其他的光不是被消灭了，而是因为其他的光波长较长，又因为天空中有尘埃，所以它们才都能绕过尘埃。相比起其他的光，蓝色的光波长较短，这样一来，尘埃就把蓝色的光挡住，并且导致蓝色的光发生散射现象。这样一来，天空就会呈现出蓝色。”听完爸爸的回答，彤彤若有所思，很久都没有说话。爸爸当然知道，以彤彤现在的认知和理解水平，还不能完全理解这段话。为此，爸爸找了一个关于光的折射的视频，特意播放给彤彤看。果然，动漫的效果让彤彤非常感兴趣，而且视频中深入浅出的讲解，也让彤彤形象地理解了天空为什么是蓝色的。解开心中疑惑的彤彤高兴极了。

对于五六岁的孩子，父母常常会觉得很苦恼，因为在孩子不断追问的十万个为什么之中，父母常常会被孩子问倒，因而也常常感到抓狂。对于孩子永无休止地提问“为什么”，父母不知道如何回答，就总是以敷衍的态度搪塞孩子。殊不知，对于孩子的成长而言，这样的搪塞有很大的坏处，不但会伤害孩子求知若渴的心，而且会伤害孩子学习的热情。明智的父母知道，对于孩子而言，这个世界是一片全新的天地，所以孩子对于世界充满好奇，强烈地想要知道每一种事物的名称，也了解很多事情的原理。随着学习到的知识越来越多，孩子们心中的奥秘也会越来越多。当孩子还小，还不会利用各种工具书查找答案，也不能从其他渠道知道自己想了解的知识，他们从小就崇拜父母，自然会把父母当成是能够解答他一切疑问的“百科全书”，因而孩子以“为什么”对父母展开连环轰炸也就不足为奇了。

花儿为什么这样红？太阳为什么从东边升起，从西边落下？夜晚的天空中为什么有那么多星星？这些都是孩子想要了解的内容。在这些问题中，有些问题父母是知道答案的，有些问题父母根本不知道如何回答。很多父母觉得在孩子面前承认自己在某些方面的无知很丢人，实际上，这完全是正常现象，因为父母也是人，而不是神仙，不可能无所不能。当父母坦然告诉孩子自己不知道如何回答某个问题，父母在孩子心目中的形象不会受损，尤其是当父母借助于这个机会告诉孩子学无止境，知识是无崖的，孩子就会很乐意与父母一起探讨生命的真相。当然，对于年幼的孩子，父母可以和孩子一起思考答案，对于年纪稍大一些的孩子，父母还可以教会孩子使用工具书，或者其他获取知识的途径，这样一来，孩子就能渐渐地学会如何学习新知识，也会更加快速地成长起来。

在成长的过程中，孩子在两个时期里会非常热衷于提问。第一个时期出现在孩子三四岁的时候，这个年纪的孩子对于很多事物都不认识，因而他们常常问父母“这是什么”“那是什么”。等到五六岁的时候，孩子进入第二个热衷于提问的时期，在这个时期里，孩子最喜欢问“为什么”。从孩子提问的方式来看，可以显而易见孩子三四岁的时候是在认知事物，等到孩子五六岁的时候，就开始探究事物的内在和真相。毫无疑问，随着不断的成长，孩子思考的深度更深，他们提问的难度也在不断地增强。当发现孩子尤其喜欢问“为什么”时，父母千万不要觉得厌烦，而要因为孩子进入了更深层次的学习而感到高兴。

对于孩子的提问热情，父母一定要用心保护。否则，一旦父母以简单粗暴的方式伤害了孩子的提问热情，也使得孩子不愿意再主动地求索，那么孩子就会越来越少提问。从本质上而言，孩子正是通过提问这种方式展开学习的，所以父母耐心回答孩子的问题，或者与孩子一起探索问题的答案，就是在帮助孩子学习，也是在保护孩子学习的兴趣和热情。

不管孩子提出的问题是简单还是复杂，父母都要端正态度，意识到孩子提出简单的问题，是因为孩子正在积极地认识这个世界；而孩子提出复杂的问题难倒了父母，说明他们的思想变得更加深邃。父母必须尊重孩子的提问，也积极地帮助孩子寻找答案。父母切勿对孩子采取敷衍了事的态度，适当的时候，父母还应该多多激励和表扬孩子，这样孩子才会更加乐于学习，坚持学习。此外，在给孩子答案的时候，父母还要注意采取生动活泼的语言，为孩子深入浅出地讲解答案。否则，如果父母以成人的语言进行表达，很容易让孩子感到困惑，对于解答孩子的难题也无法起到预期的效果。

总而言之，在孩子的探索敏感期，面对孩子所提出的“十万个为什么”，父母一定要端正态度，用心回答和对待孩子的提问，这样才能起到事半功倍的效果。

第08章

重视敏感期教育，父母要懂点儿童心理学

孩子处于敏感期，各个方面的能力都得到很多发展，身心也处于快速发展之中。在这种情况下，父母要想陪伴孩子更好地成长，一定要懂点心理学，才能有的放矢地了解孩子的心理状态，也才能最大限度地激发孩子内心的潜能，让孩子健康快乐地成长。

应对敏感期，父母要有信心

面对敏感期，很多父母都会感到抓狂，是因为他们不知道如何才能帮助孩子顺利度过敏感期，也不知道在孩子的敏感期内将会发生怎样的事情。当父母心怀忐忑地面对孩子的敏感期，父母的内心就是游移不定、忐忑不安的，孩子自然也会更加焦虑。情绪是会传染的，当父母把情绪传染给孩子，孩子也会受到影响，因而彼此都无法从容地面对敏感期。

对于孩子而言，自信心是他们成长的翅膀，能够为他们的成长不断地助力，也让他们在成长的过程中充满动力。反之，如果孩子缺乏自信心，必然导致他们在成长的过程中畏畏缩缩，止步不前。对于孩子而言，这才是最糟糕的状态，也会导致他们的人生受到禁锢。当然，要想帮助孩子树立信心，父母首先要有信心。否则，父母的自卑和胆怯最终会传染给孩子，也会导致孩子在敏感期更加缺乏信心。在这种状态下，孩子当然无法从容地面对成长，尤其是当成长过程中遇到很多苦难和磨砺的时候，他们更容易灰心失望，也导致人生陷入困境之中。

对于年幼的孩子而言，他们的信心和力量其实来自父母。所以一旦父母失去信心，缺乏力量，孩子就会受到负面影响，也导致内心胆小怯懦。父母作为孩子的监护者、成长的陪伴者，除了要照顾孩子的吃喝拉撒之外，理所应当还要肩负起引导孩子成长、充实孩子心灵的重要任务。这是因为在年幼的阶段，孩子的信心大部分来自父母。孩子还小，对于自己缺乏正确的认知，他们非常信任父母，也常常根据父母对他们的认知，来判断自己。如果父母总是一味地否定孩子，甚至给孩子贴上负面的标签，那么孩子理所当然会对自己评价过低，甚至还会对于自己的人生产生怀疑。在这种情况下，父母首先必须提振信心，让孩子得到父母积极正向的评价和鼓励，孩子才能更加勇敢地迎接敏感期的到来，也对于自己更加信任，拥有相信自己的力量。父母必须意识到，孩子在幼年阶段的信息主要来自父母，如果父母都没有信心，孩子又如何能拥有信心和力量呢？

在与孩子相处的过程中，如果发现孩子有任何需要父母帮助或者支援的时候，父母一定要及时给予孩子大力的支持，这样孩子才能从父母身上得到力量。孩子还小，很多时候都需要依靠父母。对于孩子而言，唯有从父母那里得到回应，他们才会更加有信心应对困难，很多孩子还会从父母对他们的重视程度上，认识到自身的价值。孩子的爱来自父母深沉浓烈的爱，因而作为父母，一定要树立信心，也要及时回应孩子的请求，这样孩子才会从父母那里得到信息，也得到积极强大的力量。

父母还需要注意的是，及时积极地回应孩子，不是姑息和纵容孩子。父母对于孩子的爱一定要有限度，也要适时适当，这样才能培养起孩子的信心，也让孩子正确适当地面对自己。如今提倡赏识教育，父母要积极地给孩子认可和赞赏，而不要只知道批评和责骂孩子。每一个孩子都是从错误中成长起来的，对于孩子的很多错误，父母都要包容。很多父母只顾着批评孩子，而没有给孩子指出他们的错误，这种情况下孩子往往非常迷惘，也根本无法认识到自己的错误行为。

除了要鼓励孩子之外，父母还要接纳孩子的情绪与情感。很多父母尽管疼爱孩子，却决不能容忍孩子负面的情绪表达。其实，孩子是一个活生生的人，既有正面的情绪表达，也有负面的情绪表达，这是孩子身心发展的需求，也是孩子成长的必然经历。因而当看到孩子歇斯底里地哭泣时，父母一定不要斥责孩子停止哭泣，而应该给予孩子独立的空间去发泄情绪。试想，如果孩子连表达和宣泄情绪的自由都没有，那么他们又要如何才能快乐成长呢？孩子需要更加广阔的空间不断地成长，孩子也需要自由的环境抒发自己的内心。当父母认可孩子的情绪感受，孩子就能得到有效的安慰，甚至在短时间内就能控制好情绪，这比压制孩子的情绪要好得多。

很多父母尽管爱孩子，却不愿意花费更多的时间和精力陪伴孩子。不得不说，耐心陪伴是父母能给予孩子的最好的爱，否则再多的物质和金钱，也无法弥补孩子对爱的缺失。因而父母不要以为孩子挣钱为借口，忽略对孩子的陪伴，否则就是不合格的父母。父母的爱也是孩子信心来源的重要渠道之一，因而父母不要吝啬对孩子的爱与陪伴。

还需要注意的是，很多父母在生气的情况下都会不假思索地给孩子定性，殊不知，孩子对于自我认知还不够深刻，也无法中肯地评价自己，因而当父母对他们的评价有失中肯的时候，他们就会对自己形成错误的认知，甚至给予自己极大的负面评价。作为父母，不要当着孩子的面随意发泄自己的情绪，而要知道自己的一言一行都会对孩子造成严重的负面影响。父母谨言慎行，尤其是在涉及对孩子评价的时候更要慎重，才能给予孩子的成长最好的引导和积极的指导。总而言之，孩子成长的过程也是父母成长的过程，在这样的过程里，父母和孩子都要更加理性，充满信心，才能让成长顺利进行下去。

让孩子变得勇敢，拥有责任心

记得小时候，鹏鹏最喜欢上学。从幼儿园的时候开始，在度过最初的哭闹期之后，他就每天都高高兴兴地去学校。因为幼儿园里有老师，有同学，鹏鹏还可以和同学们一起玩，所以他非常喜欢上学。在小学低年级阶段，鹏鹏对于上学也是很乐意接受的，每天放学之后，还会主动写作业。爸爸妈妈都为鹏鹏在学习上的积极表现感到欣慰，但是自从进入三年级，作业量陡增，而且班级里孩子们的学习成绩也拉开了巨大的差距，鹏鹏也从一二年级的时候都考九十多分的状态，变成了只能考八十几分，成为落后生。为此，鹏鹏越来越恐惧上学。

有一天早晨，鹏鹏在临要出门的时候，突然说肚子疼，还捂着肚子去了厕所。妈妈不明就里，以为鹏鹏真的肚子疼呢，很紧张，当即和单位请假，带着鹏鹏去医院。到了医院之后，医生给鹏鹏进行了细致的检查，发现鹏鹏的身体一切正常，没有异样。妈妈只好带着鹏鹏回家，原本妈妈想把鹏鹏送到学校参加下午的学习，但是鹏鹏却说自己的肚子还是有些疼，妈妈只好作罢。整个下午，鹏鹏在家都表现正常，而且还写了一些作业呢！看到鹏鹏写的作业，再对照老师在朋友圈里布置的作业，妈妈恍然大悟：原来，鹏鹏是因为作业没写完不敢去学校，所以才假装肚子疼的。妈妈不动声色，决定继续观察鹏鹏。后来，又有几次鹏鹏因为不敢去学校而装病的情况发生，妈妈忍无可忍，也不想揭穿鹏鹏，所以只好告诉鹏鹏：“鹏鹏，你最近经常身体不舒服，如果再有不舒服的地方，就去医院输液吧，妈妈觉得你需要输液，才能战胜病毒和细菌。”听说再去医院就要扎针了，鹏鹏再也没有因为身体不舒服而留在家里，哪怕真的有小小的不舒服，他也能克服。

妈妈暗自好笑，对鹏鹏说：“鹏鹏，每个人都要承担责任，生病了也得坚持上学。就像妈妈前几天也感冒了，还输液了呢，但是妈妈只能利用休息的时候输液，输完液还要赶到单位去上班。这是为什么呢？”鹏鹏摇摇头，看着妈妈，妈妈继续说：“因为妈妈知道自己身上肩负着沉甸甸的责任，要挣钱养育你，还要和爸爸一起支撑起这个家。所以妈妈希望鹏鹏也能非常勇敢，肩负起自己该肩负的责任，好不好？”鹏鹏意识到妈妈的确很辛苦，当即表态：“放心吧，妈妈，我以后会很勇敢的！”此后的日子里，妈妈经常向鹏鹏灌输负责任的思想，提升鹏鹏的责任意识，就这样，鹏鹏变得越来越勇敢，也更加充满自信。

很多孩子都有恐惧学校的心理，如何帮助孩子消除对学校的恐惧，是每一个父母急需解决的事情。对于孩子而言，如果不能对学习充满兴趣，那么学习的效果就会很差，孩子也根本无法在学习中有出色的表现。所以要想消除孩子对于学习的恐惧，对于学校的排斥，父母就要帮助孩子树立自信心和责任心，才能帮助孩子消除恐惧，扬起信心的风帆。

一个面对责任只知道逃避的孩子，根本无法肩负起属于自己的责任。当习惯了在责任面前“逃跑”，他们还会变得更胆小怯懦，遇到事情游移不定。对于孩子而言，这无疑是很糟糕的事情，对他们的成长和人生都会起到极大的负面影响和作用。人生在世，有谁不需要承担任何责任呢？可以说在这个世界上，每个人都需要承担责任，也需要在人生的道路上遭遇坎坷磨难。唯有砥砺前行的人生强者，才能最大限度地激发出自身的力量，也才能给予自己更加坚强的未来。

很多父母为了让孩子拥有自信，想出各种方法激励孩子，殊不知，孩子的勇敢并非是与生俱来的，培养孩子自信心的方式有很多，其中，培养孩子的责任心，能够有效消除孩子内心的恐惧，让孩子变得勇敢坚定，勇往直前。例如，很多孩子都害怕去学校，这是为什么呢？因为孩子不喜欢受到约束，也害怕在学校的考试中不能取得好成绩，所以总是内心惶恐不安。在这种情况下，如果父母强迫孩子去学校，孩子就会陷入焦虑的情绪状态中无法自拔，长此以往，必然不利于孩子的成长。情绪上的紧张，也会导致孩子出现身体上的不适，例如心跳加快、头痛欲裂、尿急尿频等。其实，这都是情绪给孩子身体带来的应激反应，父母不要觉得孩子是生病了，也不要让孩子误以为自己生病了，否则会让孩子更加缺乏自信，陷入糟糕的状态之中。心理暗示对人的影响是很大的，父母要给孩子积极的心理暗示，才能不断地鼓励孩子成长，也才能帮助孩子形成良好的心态。

很多父母误以为责任会让孩子变得更畏缩，实际上这样的想法是错误的。当孩子肩负起责任，他们非但不会畏缩，反而更加勇敢，这是因为他们知道自己的使命，也能够激发出内心的力量，坚定不移地勇往直前。当孩子真正承担起自己的责任，他们还会在负起责任之后充满信心，更加勇敢。由此可见，责任能够让孩子消除内心的恐惧，坚定不移地负起自己该负的责任。

耐心倾听，激励孩子表达

六岁的点点一度变得歇斯底里，是因为他总是说话的时候被打断，或者说话的时候没人听。这让点点觉得很苦恼，一开始，爱说话的妈妈对于点点的气愤丝毫不以为然，还是自顾自地说自己的。但是时间久了，点点说话总是被打断，出现了结巴的表现。原来，点点三四岁的时候也出现过结巴的情况，医生说是因为点点的表达能力发展跟不上思维能力导致的，只要过了那个阶段就好。果然，五岁前后，点点说话结巴的情况消失了，爸爸妈妈这才放下心来。

点点已经六岁半了，为何还会出现结巴的情况呢？不会真的结巴了吧？爸爸妈妈越想越紧张，因而赶紧带着点点又去医院。医生在检查点点的发育情况后，断定点点一切正常，根本没有异常，但是点点的确结巴，这到底是为什么呢？就在与医生交流的时候，点点想要提一个问题，妈妈正巧也有问题想问医生，因而就迫不及待地抢在点点前面，把自己的问题说出来。这个时候，着急的点点不由得结巴起来。看到这种情况，医生找到了点点结巴的原因。原来，点点说话的时候，原本已经整理好思绪，也组织好语言，但是妈妈总是打断点点说话，无形中也就影响了点点流畅的思维。在这种情况下，点点自然会说话结结巴巴，也就根本无法从容地表达自己的思想。医生建议妈妈："以后孩子说话的时候，您不要打断孩子，而要耐心倾听。否则，您一旦抢在孩子前面发言，就会导致孩子说话的时候思路被打断，思维也变得更加混乱，这样一来，孩子表达的时候自然会出现思路断断续续的情况，他的内心也就会更加焦灼不安。长此以往，孩子习惯了说话磕磕巴巴，就真的结巴了。”

妈妈这才意识到问题的严重性，当即表态以后一定耐心等待孩子说完话自己再说，再也不打断孩子的思路了。为了改善点点结巴的情况，医生还建议爸爸妈妈可以引导点点阅读一些文章，从而形成顺畅表达的好习惯。在爸爸妈妈的不懈努力下，过去好几个月，点点才恢复了流畅的表达，再也不结巴了。

很多父母都与事例中的点点妈妈一样，有抢在孩子前面说话、打断孩子说话的坏习惯。也许父母对此觉得无所谓，毕竟他们已经一吐为快了，但是对于孩子而言，总是被这样打断思路，渐渐地孩子的思路就会断断续续，根本不能连贯起来。不得不说，这对于孩子的成长是没有任何好处的，也常常会给孩子造成一定的困扰，导致孩子的语言表达陷入困境。父母除了不能打断孩子之外，还要更加积极主动地引导孩子表达，例如找生活中随处可见的小小话题与孩子进行交流，耐心地倾听孩子发表自己的意见，这都是很好的方式，循序渐进就能起到良好的效果。

亲子之间的交往，也属于正常人际交往的一种，因而父母要摆正心态对待自己与孩子之间的交往，而不要总是对孩子采取居高临下的态度。很多人误以为，人与人之间的交往是从积极主动的表达开始的，实际上，这种想法是完全错误的。因为人与人之间的交往并不是从表达开始的，而是从倾听开始的。一个真正善于人际交往的人，在面对初次交往的陌生人时，一定不会口若悬河，滔滔不绝，而是会耐心倾听陌生人的表达，从而更加了解陌生人，也有利于与陌生人之间进行良好的互动。否则，如果与陌生人说得太多，则失去了了解陌生人的机会，也会引起陌生人的反感。

父母与孩子交往的时候，也不要带有先入为主的思想。整个世界都处于日新月异的变化之中，孩子们虽然是父母生养的，因着父母才来到这个世界上，但是他们同样是一个独立的生命个体，拥有自己的思想和意识，在这种情况下，父母不能理所当然地认定孩子的内心，也不要居高临下地对待和指挥孩子。父母唯有发自内心地尊重孩子，真正平等地对待孩子，才能耐心倾听孩子，也才能用心地激励孩子表达。孩子看到父母始终在满眼热切地看着自己，他们也会感到非常骄傲与自豪，甚至会有更好的表现。难怪人们常说好孩子都是夸出来的呢，的确，对于孩子而言，父母的鼓励就是他们最大的动力，父母的信任就是他们最好的鼓励。

面对孩子的天赋，要用心保护

从小，丹丹就特别喜欢跳舞，爸爸妈妈为了支持丹丹，还给丹丹报名参加了兴趣班。然而，在经过一段时间的学习之后，丹丹觉得很懊恼，尤其是开始进行密集的舞蹈训练时，小小年纪的丹丹简直要崩溃。为了拉开韧带，她疼得呜呜直哭，为了练习一个舞蹈动作，她在地上翻来覆去地打滚。渐渐地，丹丹对于舞蹈的兴趣越来越弱，如果说以前她都是高高兴兴地去参加舞蹈课，那么现在，她总是愁眉苦脸不愿意参加舞蹈课，有的时候，还因为上课太累而哭起来呢！

对于丹丹的表现，妈妈觉得很生气，常常斥责丹丹：“你是喜欢学习舞蹈，爸爸妈妈才花那么多钱给你报班的呀。如果你不想学了，那么爸爸妈妈花的钱不都浪费了吗？”为此，妈妈总是强迫丹丹继续学习舞蹈，渐渐地，丹丹彻底开始对抗妈妈的安排，学习的效果也非常差。在这种情况下，舞蹈老师建议妈妈：“丹丹妈妈，与其逼着孩子学习，效果也不好，不如让孩子休息一段时间，恢复对舞蹈的热爱。我可以帮您把课程延时，毕竟这样一味地强迫孩子学习，是不好的。”妈妈想了想，觉得老师的话很有道理。为此，妈妈先和老师把丹丹的课程停课三个月。在这三个月里，丹丹没有学习的压力，渐渐地又恢复对舞蹈的兴趣。接下来上课的时候，老师再也不以帮助丹丹勤学苦练为目标，而是先培养和保持丹丹对于舞蹈的兴趣与热爱，这样一来，丹丹对于舞蹈的学习就没有那么排斥了。

在这个事例中，如果妈妈一味地强迫丹丹继续学习舞蹈，那么对于丹丹而言，舞蹈就不再是兴趣爱好，而是成为一种沉重的负担。幸好妈妈听从了舞蹈老师的建议，所以及时让丹丹停下舞蹈课，休息一段时间，恢复兴趣和精力。这就是保护孩子天赋的过程，既不要视若无睹，也不要过度发掘，唯有如此，孩子的天赋才能得以发展，孩子也才能获得成长。

每个孩子都是独一无二的生命个体，为了给予孩子更好的生命体验，在孩子成长之初，父母就要留心发现孩子的天赋。当发现孩子在某些方面有特殊的能力，或者表现出独特的兴趣之后，父母要用心保护孩子的天赋，既不要对孩子的天赋视若无睹，也不要对孩子的天赋过度开发。前者会忽略和错过孩子的天赋，后者会导致孩子对自己擅长的事情失去兴趣，由此一来孩子也就失去了最好的老师——兴趣。父母养育孩子绝非简单容易的事情，也不是粗暴的方式就能解决问题的。每一个父母在与孩子惊喜见面的那一刻，也注定要开始漫长的学习过程。不但新手父母需要学习，就算是经验丰富的父母，在面对一个崭新的生命时，也无法把此前从其他孩子身上积累的经验照搬到这个孩子身上，因为每个孩子都是截然不同的生命个体，都有自身的特点，是没有任何可比性的。自然，父母的教养方法也要因孩子而异，而不能为了省事就照搬教养经验。

孩子的天赋相差迥异，是孩子与生俱来的能力，往往让孩子在某一方面有突出的表现，也完全有异于常人。小小年纪的孩子就会表现出不同的兴趣爱好，例如有的孩子喜欢唱歌，有的孩子喜欢跳舞，有的孩子喜欢画画，有的孩子喜欢运动。随着不断的成长，在后天的发展中，有的孩子发展了自己的天赋，在某些方面有特别杰出的表现，有的孩子则迷失了天赋，这是因为他们的天赋没有在恰当的时机被挖掘出来，所以导致天赋的丧失。作为父母，在孩子还不懂得何为天赋的年纪，要认真用心地观察孩子，给予孩子更好的发展机会，这样才能最大限度地挖掘孩子的天赋，成就孩子的天赋，也让孩子得到长足的发展。

对于孩子的天赋，父母一定要用心保护，一则是因为孩子的天赋只是天赋异禀的萌芽，所以父母不能过度用力，导致伤害孩子的天赋萌芽，二则是因为孩子的内心比较脆弱，他们的承受能力也有限，如果父母过度挖掘他们的潜力，就会导致他们不堪重负，原本对于自己所擅长的事情有浓厚的兴趣，也在重压之下兴趣全无。如此一来，孩子必然会陷入被动的状态之中，也根本无法继续发展天赋。所以父母保护孩子的天赋，要做到小心翼翼，而且全方位地把握好力度，这样才能有的放矢，发展孩子的天赋，也给予孩子最好的引导和启发。

孩子喜欢随大流怎么办

班级里要组织春游，老师要求每个孩子都不能带手机，以免因为专心致志地看手机，而导致出现意外情况。不过，小雨没有爷爷奶奶负责带养，所以春游之后要像平日里上学一样自己回家，为此妈妈要求小雨带手机，这样万一有什么意外情况也可以及向爸爸妈妈求助。小雨郑重其事地告诉妈妈："但是老师不允许带手机啊，万一被发现了怎么办？"妈妈解释道："老师不允许你们带手机，只是担心你们在春游的时候只顾着看手机，不注意脚下，不注意跟紧队伍，导致发生危险情况。你带着手机放在口袋里，只要不一味地看手机，只在需要的时候再拿出手机联系，老师当然不会责备你。"妈妈费劲口舌，小雨好不容易才同意带着手机。

事后，妈妈对爸爸说："小雨现在随大流的情况很严重啊，动不动就说同学怎么样，似乎他不管做什么事情都要照着同学们的方式去做。"爸爸说："这很正常啊，难道你像他这么大的时候，希望成为别人眼中的另类吗？这说明孩子想融入集体之中，想成为大多数人中的一分子，找到归属感。"妈妈有些担心："长此以往，他会不会没有个性呢？"爸爸笑起来，说："放心吧，他只是在找集体认同感，等到渐渐长大，他就会开始追求特立独行了。咱们不都是这样过来的嘛，以前希望自己丢在人堆里找不到，现在希望自己出类拔萃，一眼就被其他人看到。”妈妈觉得爸爸说的话很有道理，也就不那么担心了。

所谓随大流，就是心理学上所说的从众心理。顾名思义，随大流的孩子喜欢跟别人做一样的事情，而少有特立独行的个性。当发现孩子随大流，父母们往往会非常紧张，甚至担心孩子因此而失去个性。实际上，孩子即使随大流，也并不影响他们的个性发展，通常情况下，孩子之所以出现随大流的情况，是因为他们开始渐渐地形成集体意识，也愿意在集体之中更好地表现自己。对这样的孩子来说，随大流并不是缺乏个性的表现，而是他们能够更好地融入集体和团队之中，与他人更好地相处，也愿意把自己的力量汇聚到团队之中，从而实现增强自身力量的作用。

在成人社会中，从众心理指的是人们在群体舆论的压力下，情不自禁地让自己的言行举止符合大众的趋势。毫无疑问，成人的随大流是怕出风头、没有独特性的表现。因而父母要想让孩子形成独特的个性，并且能够融入团队之中，发挥以小博大的力量，就要给孩子树立好的榜样。既不要在孩子面前随大流，也要引导孩子融入团队之中，给予孩子更加积极的榜样作用。

从心理学的角度来说，很多人都有从众心理。不过，每个人从众的程度和表现的力度是截然不同的，所以父母也要更加关注孩子在成长过程中的异常表现。从众心理具有两面性，既有积极的作用，也有消极的作用。积极的从众心理能够推动人们更加积极和深入地了解事物，消极的从众心理则会对人的认知行为产生消极的阻碍作用。其实，孩子之所以出现从众的行为和表现，也是由他们的身心发展所处的阶段决定的。

通常情况下，在七岁之后，青春期到来之前，孩子们最喜欢从众。这是因为他们在此阶段度过了社会敏感期，因而希望自己能够得到小伙伴的认可和尊重。从众，恰恰能让孩子们获得同伴的认可，也真正融入团队之中。在这种情况下，他们也获得强烈的社会认同感，从而满足自己的心理和感情需求。

在这个阶段，父母要更加大力度监管孩子。毕竟孩子还小，对于很多现象和事物还没有正确的判断能力。因而，当受到不良风气的影响时，他们也很容易从众，甚至还会导致行为出现偏差。父母固然要尊重孩子的从众行为，当发现苗头不好的时候，也要及时把孩子带回来，保证孩子始终在正确的人生轨道上前进。因而，父母必须对孩子的从众心理进行深入了解和认知，从而才能扬长避短，取长补短，让从众心理对孩子发挥积极的推动作用，而消除消极的负面作用。

对孩子进行正确引导之后，父母还能帮助孩子更顺利地融入团队之中，让孩子在集体之中获得成长，也在与小伙伴相处的过程中不断地成长。对于孩子的成长而言，这是非常重要的，也是效果显著的。有些孩子在成长的过程中相对落后，如果能够融入集体之中，还可以在优秀伙伴的带动下不断进步。反过来看，作为孩子的管理者，诸如从事教师行业的工作者，因为经常要与孩子打交道，还可以利用从众心理先做好几个带头孩子的思想工作，这样一来，就能够把班级治理得井井有条。总而言之，孩子的成长从来不简单，父母必须深入了解孩子，也洞察孩子微妙的成长状态，才能承担起帮助孩子不断成长的重任，也才能给予孩子最好的帮助和引导。

当叛逆期遭遇青春期

乐乐正在读小学六年级，已经十二岁的他正式进入青春叛逆期，让妈妈觉得非常苦恼。有一段时间里，妈妈还像乐乐小时候一样，对乐乐采取高压政策，总是强制乐乐按照她的想法去做事情。不想，这激发起乐乐激烈的反抗，乐乐简直无法与妈妈友好地相处，家里整日都是母子之间发生战争、鸡飞狗跳的场面。

妈妈痛定思痛，眼看着母子关系就要分崩离析，考虑到乐乐也越长越大，很有可能对妈妈记恨在心，为此妈妈决定调整思路，改变方法，以更好的方式与乐乐相处，对待乐乐。此前，妈妈一直是个火暴脾气，但是发现乐乐的脾气也受到她的不良影响，变得越来越暴躁易怒之后，妈妈马上就理智地改变自己。因为是积极主动地改变，所以虽然妈妈偶尔还会搂不住火，但是脾气却有了极大的好转。从一天吵架好几次，到好几天吵架一次，到后来能够与乐乐和平共处，妈妈付出了很大的努力。

妈妈与乐乐关系的转折点，其实出现在一次偶然事件中。那一次，乐乐因为受到老师不公正的对待，与老师顶撞起来，闹得很不愉快。对此，老师非常生气，也缺乏理智地对乐乐说了一些过分的话，还打电话把爸爸妈妈叫到学校。这次事件如果放在以前，妈妈一定会非常生气，当即就对乐乐火冒三丈，但是妈妈意识到一味地批评和否定乐乐，并不能让乐乐心服口服。为此妈妈一反常态，非常耐心地倾听乐乐讲述事情的经过，也客观地评价和分析这件事情发生的原因。乐乐没有被批评，情绪也相对稳定，在与爸爸妈妈深谈了几个小时之后，终于认识到自己的错误，也愿意采纳爸爸妈妈的意见，给老师写一份深刻的检讨。从此之后，乐乐很信任妈妈，在有了任何难题或者心绪不平的时候，也愿意向妈妈倾诉。事后，妈妈感慨地对爸爸说：“这次乐乐与老师之间的危机，咱们解决的还是比较圆满的，也许老师对于我们没有严厉惩罚乐乐的态度不够满意，但是我觉得我们借助于这件事情表明立场，告诉乐乐我们不会不分青红皂白就责备他，也因此赢得了乐乐的信任，这才是最重要的。”

很多父母都不知道如何与叛逆期的孩子相处，事例中乐乐的妈妈也是如此。幸好，乐乐妈妈没有一味地糊涂下去，而是能够主动反思自己与孩子之间的关系，也认真思考如何做才能处理好亲子之间的各种问题。正是怀着这样的态度和思想，乐乐妈妈才能改变自己的火暴脾气，在孩子的青春期到来之初各种问题频繁发生的时候，及时改善自己与乐乐的关系，也建立良好的亲子关系。可想而知，在拥有良好的亲子交往基础之后，对于处于青春叛逆期的孩子，父母才能与孩子更好地相处。

在成长的过程中，孩子会经历三个叛逆期，第一个叛逆期出现在三岁前后，被称为幼儿叛逆期。这个阶段孩子的自我意识正在发展之中，因而孩子渐渐意识到他并不是与这个世界浑然一体的，也意识到自己要与世界分离开，成为单独的个体，因而他们变得很叛逆，不愿意再听从父母的指挥，而且总是以“我”作为说话的开始，标榜自己的个体地位。第二个叛逆期出现在七八岁的时候，被称为儿童叛逆期。这个阶段的孩子自我意识越来越强，做事情追求特立独行，而且尤其渴望独来独往。很多父母都会觉得郁闷，因为原本如同跟屁虫一样跟着父母的孩子，突然之间就很“嫌弃”父母，根本不愿意继续和父母同时出动。在这种情况下，很多父母都觉得不适应，原本还在“厌烦”孩子总是对自己亦步亦趋呢，突然之间就被孩子抛弃，觉得孤孤单单了。第三个叛逆期是十二岁到十八岁之间，这个阶段的孩子正处于青春期，是典型的当叛逆期遭遇青春期。对于这个阶段的孩子，很多父母都觉得抓狂，认为自己根本无法驾驭孩子，也常常感到伤心失望，甚至是沮丧失望。尤其是很多父母生孩子的时候年纪比较大，所以他们的更年期也会遭遇孩子的青春期和叛逆期，在这种情况下，整个家庭会怎样地乱成一锅粥，可想而知。

如果说幼儿叛逆期中，孩子只是在标榜自我的存在，希望得到父母的认可和尊重，那么在儿童叛逆期，尤其是在青春叛逆期内，孩子的叛逆却变得越来越复杂。父母到底要如何做，才能纠正孩子的叛逆心理，重新建立良好的亲子关系呢？首先要尊重和平等对待孩子，这样才能赢得孩子的信任；其次还要避免对孩子唠叨不休、把孩子当成不懂事的孩子去对待，而要把孩子当成独立的生命个体去尊重；最后还要教会孩子自我保护。正处于青春叛逆期的孩子，往往容易情绪冲动，很有可能做出出格的举动。在这样的情况下，父母要更加理性对待孩子，以爱、尊重和信任为孩子营造良好的生活条件和成长氛围，也给予孩子适度合理的自由空间，这样孩子才不会因为被压迫而反抗，也不会因为得不到理解而更加肆意妄为。如果孩子的心理问题非常严重，父母还可以带孩子找专业的心理医生进行心理疏导，这对于孩子的成长将会起到积极的作用，也是很有好处的。

陪伴孩子顺利度过心理断乳期

当孩子进入青春叛逆期，很多父母都会觉得非常苦恼，因为面对着七十二变的孩子，他们简直有一种无暇应对的感觉。尤其是当孩子的身心发展都很迅猛的时候，简直可以用瞬息万变来形容，父母都有些措手不及。和身体的快速成长相比，孩子的心理变化更加迅速和微妙。父母似乎在一夜之间，就发现孩子总是和他们对着干，他们说要往东，孩子偏偏要往西，他们说要这么做，孩子也明明是准备这么做的，却偏偏为了与父母反着来，又改成那么做。尤其是当父母苦口婆心地劝说孩子时，孩子又总是感到厌烦，这样一来，父母进入进退两难之中，不知道是应该继续尽责任教诲孩子，还是赶紧调整心态，对孩子“不闻不问”。显而易见，对正处于心理断乳期的孩子，不闻不问是不可能做到的。否则，孩子在父母的放任之中因为缺乏自制力，肯定会做出更出格的事情。如果选择继续管教孩子，父母就要想出一定的方法和对策，从而避免非但没有教育孩子，反而导致激发起孩子的叛逆心理，刻意与父母对着干的效果。

从心理学的角度来说，处于青春期的孩子也正处于人生中的第三个叛逆期。在这个阶段，孩子的身体发育速度很快，看起来又高又大，身形日益变得强壮。随着第二性征的出现，孩子的情感也会发生微妙的变化，对于情感的需求也逐渐地萌发。又因为自我意识的觉醒，孩子更愿意独立行动，做自己的主人。然而，这个时期的孩子也仅仅是从外形上看起来接近于成人而已，他们必须完成在青春期的蜕变，才能真正从孩童阶段步入成人阶段，所以也有人把青春期定义为孩子从童年走向成年的过渡阶段。青春期的孩子生活经验不足，自尊心异常敏感，他们渴望像成人一样得到父母的尊重和对待，但是在为人处世的时候还往往带着几分稚气。这个阶段的孩子最害怕被父母小看，也常常因为多疑，感到内心愁苦。

为何要把青春叛逆期称为孩子的心理断乳期呢？众所周知，孩子们在一岁前后戒掉母乳，这是孩子生理上的断奶期。对于断奶，很多孩子都会不停地哭闹，不愿意入睡，这是因为对于孩子而言，奶不但是他们的粮食，为他们提供营养，也是他们的精神食粮，为他们提供安全感。在吃奶的过程中，孩子与妈妈亲密接触，因而得到妈妈的爱抚，他们的内心是非常安全踏实的。而一下子戒掉熟悉的母乳，孩子们不但身体上不适应，精神上更不适应，因为他们似乎少了一种与妈妈沟通和交流的方式，这让孩子觉得紧张不安。和生理断乳相比，在心理断乳期，青少年再也不是那个懵懂无知的孩子，看起来高大强壮，但是心理断乳的过程同样让他们感到焦虑不安。在这个对孩子的一生都至关重要的阶段，父母要帮助孩子摆脱对父母的依恋，培养孩子的独立性。

首先，父母要从心理上引导孩子，对于青春期孩子复杂多变的情绪，父母要坚持宜疏不宜堵的原则，不要总是采取高压政策对待孩子，也不要强迫孩子接受父母的观念和思想。其次，父母还要信任孩子，唯有在信任的基础上，父母才能与孩子之间进行良好的交流与互动，也才能与孩子建立友好的关系。否则，父母如果不能信任孩子，孩子又为何要以真心对待父母呢？再次，青春期的孩子最讲究平等，父母一定要身先示范，给孩子做出好的榜样作用，这样才能以言传身教对孩子展开教育，也才能尽量避免与孩子之间的正面冲突。当觉得即将火冒三丈的时候，还可以及时转移情绪，从而让彼此都恢复平静。最后，父母还可以多多鼓励孩子参与社会交往与活动，从而让孩子扩大交际范围，开阔眼界，也让孩子在集体活动之中获益多多。

总而言之，心理断乳期是比生理断乳期更难度过的，心理断乳期不仅仅是孩子的难关，也是父母需要慎重对待的时期和阶段。父母唯有敞开心扉接纳孩子，尊重和理解孩子，才能更多地为孩子着想，也最大限度地改善亲子关系，与孩子和谐相处，友好交往。当奠定这样的交往基调，父母与孩子之间的交往就会很顺利，哪怕遇到小小的问题也能得以及时解决。

尊重孩子的天性，不给孩子贴标签

有一天，点点因为贪玩，没有按时完成作业。眼看着到了睡觉的时间，点点还在磨磨叽叽地写作业，妈妈气得火冒三丈，用手指点着点点的脑袋说："你这个孩子就是欠揍，就是天生的磨蹭鬼，做什么事情都慢，还懒惰，简直无药可救。"点点很诧异地看着妈妈，不知道妈妈这次为什么发这么大的火，居然要这么恶狠狠地骂他。点点一边哭着一边完成了作业，次日，他写作业又开始拖延起来。

奶奶提醒点点："点点，抓紧时间写作业哦，不要再像昨晚那样，把作业完成得那么晚，还得挨批评。"出乎奶奶的意料，点点对奶奶说："奶奶，我就是天生的磨蹭鬼，还很懒惰，我写不快啊，我已经很努力了。"奶奶听到点点这么说，大惊失色，赶紧去一个背着点点的地方给妈妈打电话："爱华，不是我说你，以后可不要像昨晚那样歇斯底里地说孩子了。你是在气头上，把话说出来就痛快了，却不知道这些话给孩子带来多少负面影响。点点记住昨晚你说的话，自己承认是磨蹭鬼、懒惰，也就破罐子破摔，今天写作业比昨天还慢呢！"妈妈没想到点点居然记住了自己一时生气说出来的话，而且还对写作业采取放任自流的态度，这可如何是好呢？继续挖苦讽刺孩子，当然不可行，甚至有可能让孩子更加自暴自弃。妈妈的当务之急是要消除昨晚情急之下的指责给孩子带来的负面影响，为此，她咨询了学习儿童心理学的同学。

听到妈妈对点点说的一切，同学二话不说，先把妈妈批评了一通。而后，同学才对妈妈说："你赶紧回家安抚下点点的情绪，再找合适的机会夸赞点点，以后再也不要这么冲动，否则当这些标签印刻在孩子心里，孩子就很难忘记了。孩子一天天长大，你说话做事一定要注意，要是孩子进入青春期你还是这么说话，孩子一定会当即与你吵起来，到时候看你这个当妈的如何下台呢？"在同学的教育和劝谏下，妈妈当即表示以后再也不口无遮拦地对孩子胡说了。

在这个事例中，妈妈犯了一个显而易见的错误，就是给孩子贴标签。其实，每一位父母都应该知道，自己是这个世界上最爱孩子的人，而孩子也同时是这个世界上最信任和依赖自己的人。孩子对于父母的信任和依赖是完全无条件的，正因为如此，他们才会在还没有能力评价自己的时候，完全以父母对他们的评价作为自我评价。可想而知，当孩子非常信任的父母不负责任地给孩子贴标签，或者因为愤怒对孩子说出无法挽回的、出格的话，给孩子的影响必然十分恶劣，也会导致亲子教育陷入误区。

明智的父母从来不会对孩子口无遮拦地说话，相反，他们更加用心地欣赏孩子，发掘孩子身上的优点，也不吝啬赞美之词，给予孩子积极的赞美。常言道，好孩子都是夸出来的，当父母对于孩子怀着一颗真诚赞美的心，孩子才会更信赖父母，由此让亲子关系进入良性发展之中。父母要想做到尊重孩子，前提是要了解孩子的天性，尊重孩子的天性。很多父母都会无形中犯一个错误，即以自己作为成人的思想去揣度孩子，导致以成人的标准评判孩子，显而易见这对于孩子是不公平的，也会导致孩子陷入成长的误区，对自己形成错误的认知。理智的父母知道，孩子不是父母的附属品，而是独立存在的生命个体，唯有尊重孩子，平等对待孩子，才能给孩子营造充满爱与自由的环境，也才能让孩子在生命的历程中经历更多美好，收获更多成果。

有的放矢，对待不同性格的孩子

对于孩子而言，进入幼儿园开始学习，是离开父母的第一步。因而，进入幼儿园对于孩子的成长意义非凡。在幼儿园的学习生活结束后，孩子要正式进入九年制义务教育阶段，也正式拉开学习的序幕。为了帮助孩子更好地适应生活，以相对完善的性格开始新的学习阶段，父母其实可以在孩子正式开始一年级的学习之前，更加深入了解孩子的性格，也有的放矢地纠正孩子的性格。

第一种类型，活泼好动性格类型。属于这种性格类型的孩子往往表现出很大的活跃性，总是喜欢不停地奔跑，只有在睡觉的时候能够保持安静，其他的时间里总是在运动，直到精力消耗完为止。他们就像一团充满热情的火焰，不但燃烧了自己，也燃烧了身边的每一个人。在这样的性格特征下，孩子们尽管充满激情和热情，但是却缺乏耐心和毅力，也往往无法集中注意力。他们还很崇尚自由，不愿意被约束，因而总是挣脱束缚，也往往无意之中就触犯纪律。

很多父母面对这样的孩子感到很苦恼，因为他们无法静下心来坐在那里学习，也不愿意安安静静地看书，他们尽管对很多事情都表现出浓厚的兴趣，但是他们的兴趣持续的时间很短暂。其实，每种性格类型都有不同的优势与劣势，对于这样的孩子，父母完全无须苦恼，而应该引导孩子做他们感兴趣的事情，这样一来，孩子们才能在兴趣的吸引力之下，保持专注。以兴趣为主，以兴趣为引导，才能让孩子主动地坐下来，安静地享受全神贯注的美好时光。

第二种类型，消极悲观性格类型。可想而知，消极悲观的孩子非常自卑，生性孤僻，人际交往的范围很少，尤其害怕与陌生人交往。仅从表面看起来，他们是非常乖巧的孩子，既不会对父母提出过分的要求，也不会缠着父母问这个问那个，这是因为他们的思维和行为表现一样充满惰性，这导致他们就像惰性气体一样，是性质稳定的，也是被动的。

第三种类型，高调张扬性格类型。这种性格类型的孩子不知道何为低调谦虚，他们尤其喜欢表现自己，在适当的时候会以各种方式吸引别人的注意力，渴望得到被人的关注。与此同时，他们也很容易从自信走到自负，因而总是自我吹嘘，肆意贬低别人。当发现孩子出现不好的苗头时，父母要及时引导孩子，引导孩子形成正确的思想观念。对于这样的孩子，父母不要再过分表扬和赞赏孩子，而是可以适度地给孩子泼泼冷水。需要注意的是，泼冷水不是打压孩子，更不是侮辱孩子，也不是误导孩子，更不要告诉孩子父母不再喜欢他们。孩子终究是孩子，他们心思单纯，简单纯粹，父母要在爱护孩子的基础上，以恰当的方式对待孩子，而不要肆意伤害孩子。

第四种类型，虚伪性格类型。虚伪性格类型的孩子并不是我们日常生活中所说的为人处世很虚伪，甚至带着恶意。虚伪性格类型的孩子不忠于自己的内心，总是带着想要讨好别人的态度，对别人阿谀奉承，甚至是对别人刻意逢迎。对于这种性格类型的孩子，父母要引导他们更加关注自己内心的真实想法，也要让他们更加理性对待他人的意见和建议，而不要为了迎合和取悦他人，就一味地否定自己，而毫无限度地采纳他人的意见和建议。在不断地鼓励之中，孩子们也许就能更加贴近自己的内心，也坚持自己真实的想法，从而做到坦然做人，从容做事，绝不委曲求全。总之，每个孩子都是独立的生命个体，每个孩子对于自己的人生都有决定权。父母也许可以引导孩子成长，却不能代替孩子掌控人生。归根结底，孩子必须独自面对人生，也要全力以赴地努力，才能打造属于自己的精彩、充实的人生。

如何培养学龄前期儿童

孩子三岁之后，走出家庭，进入幼儿园开始学习。从进入幼儿园，到正式成为一年级的小学生之前，孩子们处于学龄前期。学龄前期的大多数孩子都在幼儿园里接受简单的学习和生活规律的养成，在真正成为一年级的小豆包之前，他们都要进行各个方面的准备和铺垫工作。在此期间，孩子们不但在学识上有所进步，而且自身也在不断地成长。随着独立意识的增强，他们越来越追求独立，而且他们开始积极主动地参与社会实践活动，在经历各种活动的过程中，不断地发展自身各个方面的能力。细心的父母会发现，如果让孩子做一些力所能及的小事，孩子们往往会非常高兴。例如吃饭之前让孩子帮忙摆放碗筷，吃饭的过程中让孩子帮忙拿餐巾纸等，这些小事都让孩子乐此不疲。在这个阶段，对于自己能干的事情，孩子也不愿意再接受父母的帮助，例如他们希望可以独立吃饭、穿衣服、收拾玩具、如厕等。

在家里，由于父母和长辈都很疼爱孩子，所以尽管孩子有凡事自己做的欲望，也往往因为父母无微不至的疼爱，而导致没有机会锻炼自己。在这种情况下，很多父母都发现孩子进入幼儿园之后，进步非常大，变得独立自主，也更懂事了。实际上，孩子不是因为进入幼儿园才得以成长，而是因为他们在幼儿园里有更多的机会锻炼自己，所以才能进步神速。

除了父母的疼爱成为孩子发展独立能力的阻碍之外，孩子自身的身心发展不平衡，也会导致他们的独立过程面对阻力。例如孩子从内心里来讲很渴望独立，但是他们的能力水平不足，这个矛盾的产生让他们觉得很困惑。在这种情况下，父母可以引导孩子多多做游戏，让孩子在玩耍中学习，也不断地提升自己相关方面的能力。很多孩子热衷于玩过家家的游戏，其实就是他们渴望进入成人的生活，也是最大限度地提升自身能力的表现。

随着不断的成长，孩子不仅仅各方面的能力得到发展，而且他们的逻辑思维能力也得以提升。但是，孩子的心理稳定性比较差，他们还无法成功有效地管理自己的情绪，也无法把自己的能力水平稳定下来。因而当孩子情绪冲动的时候，父母要充当安抚孩子的重要角色，采取合适的方式帮助孩子保持情绪稳定，这对于孩子的成长大有裨益。

如今，大多数家庭都只有一个孩子，为此父母情不自禁地就把孩子当成了心肝宝贝，也当成了眼珠子，竭尽所能地去爱护孩子。然而，父母的过度疼爱很容易导致对孩子的溺爱，也给孩子的成长带来困扰，所以明智的父母不会无限度地爱孩子，而是在保障孩子安全的情况下，给予孩子更多的机会去锻炼和提升自己。此外，还有很多父母本身的关系不好，感情不深厚，家庭氛围也不融洽。父母永远也不知道，对于孩子而言，和谐融洽的家庭环境对于孩子的成长多么重要。孩子把父母当成自己唯一的依靠，把家庭当成自己仅有的遮风避雨的地方，如果家都风雨飘摇了，孩子还如何能有安全感呢？

此外，当亲子之间发生各种问题和矛盾的时候，父母一定要注意自己的态度。很多父母对于孩子唯一的教养方式，就是动辄打骂孩子，甚至对孩子拳脚相加，棍棒相加。新时代的教育理念提倡赏识教育，不主张对孩子进行暴力统治，甚至过度惩罚和恐吓孩子，因为这样的教养方式对于孩子的成长是绝对没有好处的。当父母成为孩子心中的噩梦，孩子就会在极度缺乏安全感的惶恐之中瑟缩着长大。因而父母要对得起孩子的信任和依赖，从而尽力给孩子提供安全的成长环境，让孩子在爱与自由的环境中成长。当发现孩子因为好奇而表现出强烈的求知欲和探索欲，父母要激励孩子，保护孩子勤奋求学的欲望，从而才能让孩子更加积极主动地成长。总而言之，对于学龄前期的孩子，父母一定要给他们安全感。当发现孩子因为极度缺乏安全感而导致性格发展畸形，或者成长遇到难以克服的阻力，父母还可以借助专业人士的力量，给予孩子切实有效的帮助。孩子的成长比任何事情都更重要，父母每时每刻都要把孩子的成长放在第一位，才能助力孩子的成长，也给予孩子童年时代不可替代的爱与陪伴。

第 09 章

每个孩子的情况不一样，敏感期教育要因人而异

每个孩子都是一个独立的生命个体，在成长的过程中既有共性，也有个性，因而每个孩子的敏感期也是不同的。作为父母，要了解孩子的共性和成长的规律，也要知道孩子的独特个性，从而才能做到根据孩子的独特情况有的放矢地针对孩子展开教育，也真正地帮助孩子更好地成长。

学龄前孩子的身心发展特点

前文简单说过孩子学龄前期的身心发展特点，接下来，要重点阐述学龄前期的孩子有何共性和特性，作为父母，又要如何具有针对性地对孩子展开教育，从而帮助孩子更好地成长呢？所谓学龄前，指的是从三岁到六岁这三年的时间。早些时候，孩子们的学龄前阶段都是在疯玩中度过的，如今越来越重视幼儿教育，因而大多数孩子在三岁之后就会被送入幼儿园，在幼儿园里度过三年的学龄期时光，从而迎接小学阶段的到来。

幼儿园阶段是连接孩子的婴幼儿时光与小学时光的关键过渡阶段。在这个阶段里，孩子们走出家门，走入幼儿园的集体环境中，每天都要与老师、同学进行交往，为此他们也渐渐学会了成为集体中的一员，形成更加明显的社会属性。如果没有幼儿园阶段的学习，孩子们在家庭生活中被娇惯，就会无组织、无纪律，因而很难直接适应小学阶段的生活。正是因为有了三年的幼儿园生涯，孩子们才学会接受有组织、有管理的学校生活，也才让自己的作息更有规律，形成初步的学习意识。所以，让孩子在学前期去幼儿园里接受系统的学习，还是很有必要的。细心的父母会发现，在经过一段时间的幼儿园学习和生活后，孩子的独立意识会越来越强，自我意识也得到一定的发展。他们不再满足于接受父母的教育，而是会更加积极主动地加入社会生活，希望自己能够在社会生活中扮演重要的角色，也希望自己成为完全独立的生命个体和社会成员。曾经习惯了父母帮忙穿衣服、洗漱打扮的孩子，不再愿意凡事都接受父母的安排，他们希望独立吃饭、收拾玩具、挑选喜欢的裙子、选择爱玩的玩具。总而言之，他们的独立意识越来越强，他们就像一个小大人一样，希望凡事都能与成人享受同样的对待。然而，孩子的能力毕竟有限，正如人们常说的，理想是丰满的，现实是骨感的，当孩子发现自己独立的愿望与真正的能力和水平之间存在巨大的差距时，他们就会感到非常苦恼。正是在不断地学习之中，他们才能得到历练，也坚持奋发向上，努力进步。

海绵遇到水会贪婪地吸水，而孩子学习也是如此。孩子天生就求知若渴，从出生开始，他们就面临着学习的重任，他们需要学习很多东西，唯有学习，才能让他们坚持进步，努力进取。孩子成长的速度非常快，不仅他们的身体在不断地成长，他们的心灵也渐渐变得充实而又坚强。在坚持不懈的学习过程中，孩子们逐渐形成了分析、综合和抽象概括的能力，对于他们而言，这些能力的形成对于他们的学习大有裨益，也让他们最终得以成长。

细心的父母还会发现，孩子们在不断成长的过程中，个性也渐渐得以发展。如果说新生儿刚刚出生的时候都以生理需求为主，看起来也都没有太大的区别，那么成长的过程就是孩子不断塑形的过程。在成长的过程中，孩子的个性特征越来越鲜明，这让他们有别于其他孩子，变得与众不同。

对于学前期的孩子，父母尤其需要注意的是，要帮助孩子形成安全感。很多学前期的孩子都缺乏安全感，是因为他们正处于人生之中的重要阶段，他们正在走出家庭，走入社会，因而他们会感到很惶恐，也会在不断的成长之中陷入困境。而对于他们而言，安全感恰恰是最重要的，不但关系到他们的学习，还关系到他们的成长。

那么，父母如何做才能给予孩子更强烈的安全感呢？首先，父母要避免过度保护孩子。如今，大多数孩子都是独生子女，在父母的宠爱和长辈的疼爱中长大，根本不曾经历过任何坎坷挫折。而一旦面对生活的风风雨雨，他们根本无力承受，也会因为被动，而导致陷入生命的困境中。此外，父母还要为孩子营造良好的生存环境，正如曾经有人说的，父亲给孩子最好的爱，就是爱孩子的妈妈。由此可见，父母爱孩子，就要为孩子营造良好的家庭环境，绝不要当着孩子的面发生冲突，更不要让家庭里充斥着暴力。当孩子从小就在动荡不安的环境中长大，他们的心理不会健康，感情也会出现各种各样的问题。其次，父母还要为孩子提供稳定的住所，让孩子在安稳的环境中成长。如今，很多年轻人都背井离乡出去打工，这就陷入两难的境地：把孩子留在家里和老人成长，孩子成为留守儿童，会导致成长遭遇阻碍；带着孩子在身边，如果没有稳定居所，让孩了在动荡不安的环境中生活，孩子会缺乏安全感，也会感到非常苦闷。最后，父母还要避免惩罚孩子，更不要动辄就威胁孩子。现在提倡赏识教育，父母不要再以传统的观念为指导，动辄对孩子又打又骂，拳脚相加。唯有尊重孩子，真正做到平等对待孩子，父母才能与孩子之间建立良好的人际关系，也与孩子和谐融洽地相处。当孩子信任和依赖父母，也与孩子之间像朋友一样相处，孩子就会身心健康地成长。

实际上，孩子的不安全感主要来自父母，这是因为孩子的安全感都是从父母身上得到的。新生儿呱呱坠地，在这个世界上唯一可以依靠的就是父母。如果能从父母那里得到依靠，孩子就会觉得心安。如果不能从父母那里得到依靠，孩子就会惶惑不安，觉得自己无依无靠。所以如今才提倡给新生儿做抚触，安抚新生儿的情绪。父母要注意的是，不仅仅新生儿需要抚触，实际上在孩子成长的过程中，始终需要父母的爱抚。父母的爱抚能够有效地舒缓孩子的情绪，也帮助孩子保持情绪愉悦和平静。对于幼小的孩子，父母如何疼爱都不为过度，因为越是幼小的孩子，越是需要从父母那里得到爱与关怀。在孩子需要安全感的关键时期，父母不要以培养孩子的独立性为理由，总是拒绝孩子想要亲昵的要求。父母一定要更加努力用心地陪伴孩子，才能与孩子建立良好的关系，培养深厚的感情，也才能真正赢得孩子的信任。也只有了解学前期孩子身心发展的特点，父母才能有的放矢地以正确的方式对待孩子，给予孩子爱与关照。

消极型孩子：多鼓励多支持

转眼之间，果果已经上幼儿园中班了，从在家里疯玩的小丫头，变成了一个规规矩矩的小孩子。在家里的时候，全家人都宠爱果果，因而爸爸妈妈并没有发现果果消极型的性格特征。直到进入幼儿园，有一次老师邀请孩子们报名参加学校里的安全儿歌比赛，妈妈也大力鼓励果果参加，这才发现果果很畏缩。

即使在妈妈和老师的鼓励下，果果也无法鼓起信心和勇气，而是不停地说着“不行，不行”。妈妈问果果：“你会唱好几首儿歌，都是关于安全的，为什么不行呢？”果果说：“我肯定不行。”这个时候，妈妈意识到果果真的很胆小怯懦，属于悲观消极类型的，不能鼓起勇气来面对这次比赛。后来，妈妈更加用心观察果果，发现果果在家里虽然是个伶牙俐齿的丫头，而且做起事情来很强势，但却是典型的“窝里横”。一旦走出家门，她马上就会熄火，也会畏缩不前。为此，妈妈每次都加大力度鼓励果果，而且还给予果果最大的支持。就像这次儿歌比赛，妈妈答应如果果果参加，不管结果如何，都请果果去吃麦当劳。听说有美味的麦当劳可以吃，果果马上提起兴致。一想到比赛很“可怕”，果果又有偃旗息鼓的趋势。为此，妈妈对果果说：“果果，你要下定决心哦！只有相信你能行，你才真的能行。加油好不好，你能参加，妈妈就非常高兴。”就这样，在妈妈想方设法的鼓励下，果果才下定决心参加比赛，居然取得了不错的好成绩。

每个孩子的性格特征都是不同的，就像成人一样，有的人很积极，有的人很消极，那么当孩子表现出消极的性格特征时，父母最重要的是要多多鼓励和支持孩子。有些父母性格暴躁，当看到孩子胆小怯懦的表现时，反而会对孩子更加严厉训斥，导致孩子茫然不知所以，更加茫无头绪。实际上，越是胆小的孩子，当遭到父母的严厉批评时，他们会表现得更怯懦。勇气不是骂出来的，也不是打出来的，明智的父母一定知道，唯有多多鼓励和支持孩子，孩子才能鼓起勇气，拥有力量，更好地成长。

当看到孩子有进步的时候，哪怕只是有小小的进步，父母也要抓住机会当即认可孩子，赞许孩子，鼓励孩子。尤其是当孩子面对选择的时候，父母不要一味地催促孩子，而要引导孩子做出选择，从而在这样的过程中，孩子就会变得越来越有主见。罗马不是一天建成的，孩子的信心大厦也绝非与生俱来的。要想培养孩子的积极想法，父母还可以多与孩子交流，引导孩子在正负两方面的选择中，选择积极主动的那个方面。当孩子拥有自信，也能够坚定不移地做出选择，他们消极的特征就会越来越淡化，他们的内心也会更加理性和勇敢。

对待消极型孩子，即使他们的表现没有达到父母的预期，父母也不要一味地否定和批评他们。消极型的孩子原本就容易陷入自卑的情绪状态之中无法自拔，如果父母再不分青红皂白地批评和否定孩子，孩子就会更加胆怯，也就无法鼓起勇气面对成长中的各种情况。对于人生而言，缺少很多东西都不可怕，最可怕的是缺乏自信和一往无前的勇气。父母一定要有意识地培养孩子的勇气，也在潜移默化中转化孩子的性格，让孩子从消极型变为积极性，这样孩子在面对人生的时候才会更加主动，绝不畏缩。

好动型孩子：耐心陪伴，尊重天性

皮皮是个典型的好动型孩子，才五岁的他正在读幼儿园中班，每天回到家里就上蹿下跳，除了睡觉，从未看到他有安静下来的时候。对于皮皮的表现，妈妈常常觉得苦恼，因为妈妈花费了一整天时间收拾得干净利索的家，一旦等到皮皮回家，用不了十分钟，就会恢复脏乱差。有一段时间，妈妈整天都跟在皮皮后面收拾房间，简直要抓狂。后来，爸爸看到妈妈那么苦恼的样子，对妈妈说："我建议你在皮皮化身猴子的这段时间里，就不要费劲地收拾房间了。否则，你每天都会很累，而且也因为辛苦劳动的成果得不到尊重，变得脾气暴躁，总是与皮皮之间发生各种冲突。你还不如把收拾房间的时间，用来与皮皮相处，带着皮皮玩呢，这样不但可以引导皮皮，还可以增进与皮皮之间的感情。”

妈妈觉得爸爸说得很有道理，因而改变思路，不在纠结于自己辛辛苦苦打扫干净的房间被皮皮弄得脏乱差，而是想方设法与皮皮一起做游戏。在与皮皮深度相处的过程中，妈妈发现皮皮还很有思想和个性呢。为此，妈妈就像认识了一个全新的皮皮，感到很新奇，也很愿意与皮皮继续相处。

有人说，两个人在同一间牢房里坐牢，他们都从狭小的窗户里往外看，一个看到了地上的泥土，一个看到了满天的星辰。当然，以坐牢来形容养育孩子是不恰当的，但是其中的道理却是共通的。在养育孩子的过程中，作为父母，一定要见识到孩子的优点，看到与孩子相处的乐趣。人人都说养育孩子是甜蜜的负担，那么不要只把重点放在负担上，而要看到这个负担是与众不同的，是非常甜蜜的。事例中的妈妈原本因为辛辛苦苦收拾好的家被皮皮弄得乱七八糟而生气，后来在爸爸的提醒下才改变思路，从而认识到养育孩子的快乐，也在陪伴皮皮玩耍和成长的过程中，更喜欢皮皮，也看到了皮皮更多的优点和长处。从此之后，妈妈才把甜蜜的负担变成了甜蜜的源泉，而把收拾家的问题抛在脑后：既然孩子的成长过程是不可逆的，为何不在孩子还喜欢在家里玩耍的时候，给予孩子自由活动的天地呢？否则，等到孩子在限制中长大，终于飞出家，去更广阔的天地里自由地翱翔，只怕父母想让孩子守在家里，孩子还不愿意呢！

对于好动型孩子，父母一定要给予耐心的陪伴，而且可以在思维上多多引导孩子，启迪孩子的思想，活跃孩子的思路，这样才能让孩子从喜欢运动，到喜欢动脑。为了激发起孩子乐于动脑的兴趣，父母还可以在和孩子一起做游戏，或者进行亲子互动之前，给孩子布置特定的任务。这样一来，孩子就可以带着问题去做游戏，完成任务，自然效率倍增。与此同时，为了让孩子能够安静下来，培养孩子的专注力，父母还可以激发孩子阅读的兴趣，帮助孩子养成爱阅读的好习惯。这样的习惯对于孩子的成长只有好处，而没有任何弊端。总而言之，对于不同性格类型的孩子，父母要在深入了解孩子的基础上，有的放矢，帮助孩子成长。

张扬型孩子：冷处理，让孩子恢复冷静

眼看着就要进行比赛了，爸爸妈妈都很紧张，但是真正要参赛的选手小薇却丝毫不紧张。妈妈建议小薇在比赛正式进行之前再争分夺秒地练习一下，小薇却不以为然地说："没关系，我不用再练习了，我这种水平，弄个前三名还是有把握的。"对于小薇的表现，妈妈觉得很担心："小薇，你这么骄傲轻敌，会不会发挥失常啊！"说完，妈妈就给小微讲了一个优秀的舞蹈家因为心态不端正，对于对手过度低估，导致在比赛中发挥失常，非但没有赢得名次，反而还输得一败涂地的事情。小薇听故事的时候一直噘着嘴，显而易见，小薇不想听到妈妈讲这么丧气的故事，她希望得到妈妈的鼓励呢！

妈妈似乎看透了小薇的心思，说："你呀，根本不需要再鼓励和表扬你，你都已经这么自我膨胀了，如果我继续给你糖衣炮弹，你岂不是

不知道自己姓什么了！”听了妈妈的话，小薇说：“但是，我想得到你的表扬啊！”妈妈说：“想得到我的表扬也好，那就先好好努力，等在比赛中取得好成绩之后，我一定会表扬你的！”结果不出妈妈的意料，在比赛的过程中，小薇因为骄傲轻敌，导致发挥失常，根本没有取得理想的成绩。看着小薇沮丧的样子，妈妈语重心长地对小薇说：“小薇，每个人都有自己的优点，也有自己的缺点，你要客观地审视自己，才能评价自己的优缺点，也看到别人的优缺点。要知道，天外有天，人外有人，没有人是绝对完美的，更没有人能在全天下都无敌手。这次是很好的教训，你一定要吸取经验，以后不要再犯这样的失误。”小薇这次听进去妈妈的劝说，使劲地点了点头。

在这个事例中，小薇是典型的张扬型性格的孩子。她之所以在比赛前充满信心，完全是她的性格使然。对于这种性格类型的孩子，适当地给他们泼泼冷水，并不是坏事情。如果泼冷水不管用，父母也无须继续苦口婆心，而是要让孩子真正意识到自己过分张扬导致的严重后果，孩子就能够从中感悟到深刻的道理，也就能够收敛自己。打个不恰当的比方，张扬的孩子充满热情，就像是一团燃烧的火焰，而要想给火焰降温，一盆水泼灭是不可取的，以冷处理的方式缓慢地给孩子降温，是更理性的行为。

很多孩子的个性张扬，从不低调内敛，不管做什么事情，他们都大张旗鼓地进行，恨不得所有人都知道他们即将要做什么事情，也恨不得把自己的言行举止昭告天下。这样的孩子看起来很张扬，实际上他们在张扬、炫耀自我、贬低别人的反面也有优点，那就是勤于动脑，热爱思考，对于很多难题都喜欢寻根究底。这种性格类型的孩子往往很活泼，很热情，精力充沛，很少有感到疲劳的时候。他们每天都保持着对于生活的热情，也从来不愿意委屈自己，对于很多事情还不愿意委曲求全，或者退而求其次。教育学专家认为，父母对待张扬型性格的孩子时，为了避免孩子形成以自我为中心的坏习惯，也为了避免让孩子变成独享主义者，最好的办法就是对孩子加以引导，在孩子最初表现出张扬的性格特点时，就有的放矢地引导孩子。当孩子小的时候，性格还没有完全成型，引导会起到比较好的效果。随着孩子渐渐长大，他们的性格越来越定型，如果父母等到这时再去引导和改变孩子，则往往为时晚矣。

父母一定要记住，对于张扬型性格类型的孩子，绝不要始终保持高昂的热情，因为孩子很有可能因为从父母的热情中汲取力量，而变得更加张扬。父母偶尔对孩子表现出适度的冷淡，特别是在孩子过度热情的时候，父母更要HOLD住，把握好自己的情绪，不给孩子盲目加温。此外还需要注意的是，作为父母在给孩子降温的时候，说话要经过慎重的思考，而不要不假思索。例如有的父母会对孩子说“我不喜欢你了”“你很讨厌，妈妈不想要你了”，类似这样的话会伤害孩子稚嫩的心灵，也让孩子马上失去安全感，陷入惶恐之中。正确的降温方式是，父母可以告诉孩子“你的行为让我很失望，我不知道你为什么要这样”“我感到很伤心，我都不认识我的孩子了”。这样的话更加理性，在给孩子降温的同时，也不至于伤害孩子的心灵，所以对于孩子而言是更容易接受的。

为人父母，当发现孩子犯错误的时候，绝不是轻轻松松地把孩子推到一边就能解决问题的。唯有更加用心地认知和了解孩子，也更深入地体谅孩子的内心，父母才能设身处地地为孩子着想，也才能友好和谐地与孩子相处。很多父母都以为亲子关系是一个大难题，实际上只要彼此心意相通，父母与孩子之间的很多难题就会迎刃而解。

虚伪型孩子：中肯建议，真诚表扬

学校里正在统计报名参加兴趣班的事情。丹丹把兴趣班的报名表拿回家里，交给妈妈看。妈妈看到报名表上有唱歌、舞蹈、绘画等，这些都是丹丹喜欢的，还有大水鼓等丹丹没有接触过的音乐类兴趣班，因而对丹丹说："你想报名参加哪个呢？是唱歌还是跳舞，也有打鼓呢！"丹丹想了想，没有说出自己的答案，反而问妈妈："妈妈，你觉得哪个好呢？"妈妈笑着说："我觉得好没有用啊，这是兴趣班，关键是你要感兴趣才行。你觉得自己喜欢哪一个，或者两个，你就可以报名参加，妈妈给你交报名费。"在妈妈的鼓励下，丹丹才说："我觉得绘画、跳舞，我都挺喜欢的。还有唱歌、打水鼓也不错。"妈妈说："报名四个的话，肯定时间太紧张了。你觉得下午放学后的时间能安排得过来吗？其实学习不在于多，而在于精，哪怕只报名一个项目，只要能把这个项目学好，就是真正的收获。"

在妈妈的启发和引导下，丹丹说："我觉得绘画我有基础，唱歌呢，能让我变得开心。要不就报名参加这两项吧，您觉得呢？"妈妈说："嗯嗯，我觉得你的选择很明智。妈妈会大力支持你的，放心吧！"在妈妈的鼓励下，丹丹更加坚定了自己要报名参加绘画和唱歌的兴趣班，妈妈也觉得很欣慰。

丹丹是典型的虚伪型性格的孩子，她在拿到兴趣班的报名表时，已经做到心中有数，但是面对妈妈的询问，她并没有说出自己的想法，而是要参考妈妈的建议。妈妈当然了解丹丹的性格，因而给予了丹丹很大的鼓励，从而丹丹才能说出自己的想法。对于丹丹的想法，妈妈马上表示大力支持，因为如果妈妈否定丹丹的选择，接下来丹丹就会更加依赖妈妈的选择，也导致她的虚伪型性格愈演愈烈。每一位明智的父母都知道，要尊重孩子的选择，那么作为虚伪型性格的孩子，父母更要坚定不移地支持孩子的想法和做法，这样孩子才能从父母那里得到勇气，也才能让自己的决断力越来越强，得以提升。

作为虚伪型孩子，并不是大多数人所想的孩子的言行举止很虚伪，而是说孩子不敢表达自己内心的真实想法，也往往无法遵循自己的本心做事情。虚伪型性格的孩子往往心事比较重，当大多数孩子都不谙世事，做任何事情都只遵从自己的心意时，虚伪型孩子却在讨好父母，而且为了迎合父母而改变自己的心意，做出符合父母预期的回答或者表现。例如父母问他们是喜欢学习舞蹈还是唱歌，他们并不会不假思索地给出自己的回答，而是反问父母：“你希望我学习什么呢？”听到这样的回答，如果父母控制孩子的欲望很强，就会说出自己真实的想法。而如果父母不想控制孩子，反而希望孩子能够遵从自己的内心做出选择，他们会耐心地引导孩子：“这是选择你感兴趣的事情，所以你不需要考虑爸爸妈妈的喜好，而只要遵从你的内心就好。”在父母的不断鼓励下，孩子才会敢于说出自己的真实想法。

也不排除有些孩子的确不知道自己应该如何做出选择，或者说他们在诸多选项中陷入了困境，在这种情况下，父母可以给出孩子中肯的建议，帮助孩子理性地分析如何在诸多选项中选择。但是父母也要注意，不要过度引导孩子，否则就会对孩子产生大的影响。父母真正的目的是让孩子自由地选择，这对于孩子形成自己的个性、成为棱角分明的人是很重要的进步。作为父母，要端正自己的态度，也以正确的身份面对孩子。父母不要觉得自己生养了孩子，就对孩子拥有绝对的控制权。真正优秀的父母首先会尊重孩子，意识到孩子是独立于父母之外的生命个体，也意识到孩子有自己的人生，而无须为了父母实现未完成的梦想。孩子和父母尽管再亲昵，彼此之间也需要划分明确的界限，这是人与人之间的安全距离，也能够保证孩子自由成长的独立空间。

虚伪型性格的孩子往往喜欢迎合父母，或者是其他他们想要迎合的人。为了得到他人的认可和赞许，他们不惜违心地做出一些事情。从心理学的角度而言，虚伪型性格的孩子其实有些迷失，因为他们不敢坚持自己的初心，也不能做到忠于自己的内心。对于虚伪型性格的孩子，父母尽管要认可他们，却也不能过度表扬他们。否则孩子们就为了得到父母的表扬，而更加迷失自我。当意识到虚伪型孩子给出的回答并不是出于真心的时候，父母还可以加大力度鼓励孩子，告诉孩子不必过分在乎他人的意见，而要忠于自己的内心。

正如伟大的诗人但丁所说的，走自己的路，让别人说去吧！虚伪型孩子恰恰缺乏这样的勇气。对于不了解的人而言，他们会觉得虚伪型孩子很好相处，也会认可虚伪型孩子在人际交往中的表现。但是对于了解的人而言，他们会因为听不到虚伪型孩子的真心话而懊恼，归根结底，人与人的交往要建立在真诚的基础上，只有真诚和坦诚才能成就高效率的交流。为了改变虚伪型孩子不能与人坦诚相对的弊端，父母要以身示范，在与人相处的时候直截了当，在与孩子相处的时候也要做到真诚相待，在父母言传身教的影响下，相信虚伪型孩子会渐渐地有所改变，也让自己的内心变得轻松。

第 10 章

早期教育很重要，家长要及时修正自己的心理误区

常言道，三岁看老，这不仅意味着孩子的性格在三岁左右初步形成，也意味着孩子在三岁前后获得教育，将会对他们的一生产生重要的影响。作为父母，千万不要觉得孩子的早期教育不重要，而是积极地修正自己的心理误区，给予孩子更好的教育和引导。

适度期望，助力宝宝成长

记得在去年的幼升小期间，有一位上海的姥爷发布的网络文章《牛蛙之殇》在社会上引起了热烈的反响和巨大的争议。在这篇文章里，姥爷讲述了自己一家三代人，为了帮助孩子考上一个好的民办小学，从孩子三岁开始，就全家总动员。在三年的时间里，孩子一直在努力，全家人的生活都围绕着孩子转，针对孩子进行调整。然而，三年之后，孩子顺利通过笔试，却在面试环节因为面部不自主地抽动被淘汰。考官提醒家长带着孩子就医，这才发现孩子因为长期处于高强度的压力和紧张的生活之中，导致出现了精神紧张引起的症状，就是所谓的抽动症。得到这样的结果，全家人都很沮丧，尤其是看到孩子这么痛苦，更感到心痛不已。原本家人以为孩子偶尔挤一挤眼睛只是不良习惯，这才发现原来孩子承受了巨大的压力，甚至因为过度紧张而导致身体出现异样。这种情况下，全家人百感交集，考上了名校却不能去上，在面试环节遭遇淘汰，这让全家都觉得惋惜，更因为孩子的痛苦而备感心疼。这个现象，引起了全家人的反思。

现代社会，大多数家庭都只有一个孩子，因而全家人都把希望寄托在孩子身上。尤其是父母，为了不让孩子输在起跑线上，更是想方设法激发孩子的潜力，帮助孩子成长。他们为孩子报名参加各种各样的兴趣班、特长班，也给孩子报名培训班。殊不知，人生从来不是百米冲刺，而是一场靠着拼搏的耐力和毅力获胜的马拉松。即使孩子赢在起跑线上，也未必能够真正领先，所谓的笨鸟先飞，实际上是让孩子根据自身的特点进行发展，而不是过度透支孩子的精力，导致孩子后续发展乏力。

父母对于孩子的期望一定要适度，尽管怀着望子成龙、望女成凤的心，也不要对孩子怀有过高的期望。孩子固然有自身的天赋，也能够最大限度地激发自己的潜能，从而争取赢得更好的发展。但是对于孩子而言，他们就是自己，而不是父母梦想的继承者，更不是作为父母生命的延续而存在。父母要对养育孩子承担起重要的责任，但是父母却不能强求孩子按照他们的意愿去成长。此外，过度的期望还会给孩子巨大的压力，打乱孩子自身成长的节奏和规律，导致孩子在成长的过程中陷入被动之中，无法自拔。作为父母，一定要控制好自己对孩子的期望，也许每一个父母在孩子刚刚降临人世的时候，都以为孩子是出类拔萃的，也是与众不同的，最终却随着孩子的成长而渐渐感到失望。因为相比起近乎完美的新生儿，在不断成长的过程中，孩子们总是会暴露出各种各样的缺点和不足，在这种情况下，父母尽管失望，也要认识到这就是自己的孩子，从而给予孩子大力的支持和帮助。

很多人都曾经看过关于金字塔的图片，甚至真正去看过金字塔，那么就该知道金字塔尖是非常小的，而塔的底部却很大。人类世界也是如此，真正能够攀升到金字塔尖的人少之又少，大多数人都是普通人，都位于金字塔的底部和中部。如果父母自己都没有攀升到金字塔尖，为何要对孩子做出过分的要求呢？退一步而言，即使父母真的到达金字塔尖，也没有理由要求孩子必须和他们达到一样的人生高度和目标。父母要记住，孩子尽管因着父母来到这个世界上，但是孩子并不是父母的使者，孩子的生命也不可能成为父母生命的延续。作为父母，唯有端正态度，意识到孩子是独立的生命个体，孩子有权利拥有自己的人生，才不会对于孩子过度干涉，也不会想要控制和左右孩子的人生。

父母对孩子怀有适度的期望，在孩子小时候全心全意照顾孩子，在孩子长大成人之后，默默地支持他，这样才能与孩子保持适度的距离，也给予孩子自由成长的空间，让孩子感受到父母的爱与鼓励，也让孩子满怀底气，带着父母的爱和对自己的信心，砥砺前行。

常言道，十年树木，百年树人。对于父母而言，一味地强迫孩子成长，揠苗助长，真的好吗？换一个角度来看，如果孩子成长的根基没有打好，那么在巨大的压力之下，他们还能真正成人吗？每一个深谙教育真谛的人都知道，孩子要先成人，才能再成才。如果孩子根本不能成人，那么他们就会面对很多的困境，即使真的有才华，也未必能够成为对社会有用的人。就像一棵大树，如果根部就已经歪斜了，那么即使长得再高，再粗壮，也不可能成为栋梁之材。所以明智的父母知道，必须给予孩子更好的教养，才能卓有成效地帮助孩子成长。

父母的独断霸道会给宝宝坏榜样

很多父母都无法摆正自己在孩子生命中的位置，更无法调整好心态。他们始终觉得是自己生养了孩子，给予了孩子生命，所以孩子就理所当然什么都应该听他们的。殊不知，孩子尽管因着父母来到这个世界上，但是并不是父母的私有品和附属品，每个父母有义务抚养长大，却没有权利左右和控制孩子的人生。每个孩子都是这个世界上独特的生命个体，每个孩子都要肩负起实现自己的理想和梦想的重任。也许新生儿呱呱坠地，只能在父母的照顾下生存，但是随着不断的成长，他们的自我意识越来越强，独立意识也越来越强，所以他们会渐渐地摆脱对父母的依赖，更加努力地奔向属于自己的人生。因而父母一定要摆正心态，不要觉得孩子是自己的附属品或者私有物，而要尊重和理解孩子，尽量给予孩子平等的对待。否则，当孩子渐渐成长，父母依然对孩子“不依不饶”，强调孩子不管有什么事情都要听从父母的建议，甚至是强硬地命令孩子，那么渐渐地，孩子只会越来越疏远父母，甚至故意与父母对着干。

要想解决父母对孩子独断专行的作风，父母首先要端正态度，平等对待孩子，发自内心地尊重孩子，也给予孩子更大的成长空间。实际上，从另一个角度来看，父母的独断专行还会给孩子造成不好的榜样。众所周知，孩子的模仿能力是很强的，很多孩子都会情不自禁地模仿父母，因为父母是他们一出生就依赖的人，也是他们最亲近的人。因此，有人说父母是孩子的第一任老师，在这种情况下，可想而知父母的霸道会对孩子造成多么恶劣的影响。不得不说，父母的一言一行都会影响孩子，既然如此，父母当然要在孩子面前谨言慎行。很多年轻的夫妻在没有孩子之前，生活过得随意而又随性，根本不愿意委屈自己分毫。即使如此，在有了孩子之后，他们也要马上调整生活的节奏，努力改变自己的言行，从而给孩子树立正面积极的榜样，对孩子起到正向的影响作用。

很多霸道的父母都会说自己是真心为孩子好的，以爱的名义绑架孩子，这恰恰是父母和孩子共同的悲哀。对于孩子而言，被父母强迫无疑不是愉悦的感受；对于父母而言，总是把自己的很多思想和观念强加给孩子，导致遭到孩子的反抗，也是很糟糕的。最可怕的，还有很多父母会把自己没有完成的梦想强加给孩子，坚持要让孩子继承他们的梦想，努力实现他们的梦想。不得不说，这对于孩子而言是非常糟糕的成长体验，也是生命不能承受之重。不得不说，这些父母从未考虑过孩子的感受，也从不询问孩子真正想要的人生是什么样子的。他们只会一味地强迫孩子，觉得孩子理所当然地成为他们的继承者，而没有意识到孩子是独立的生命个体，有自己的思想，也有自己的人生目标要去实现。

当父母始终对孩子独断专行，成为不折不扣的“霸道总裁”，那么对于孩子而言，长期生存在这样的重压之下，他们的心理就会扭曲，性格也会改变。他们会走向两个极端：一个极端的孩子变得非常依赖父母，从来不能独立自主地面对这个世界，而成为父母的傀儡，凡事都接受父母的指导和安排；另一个极端的孩子则会产生抵触心理，对于父母总是反抗，故意与父母对着干，父母要往东，他们偏偏要往西，父母让他们做这个，他们偏偏要干那个。在这种情况下，孩子的整个成长过程都会变成扭曲的，在不断与父母对抗的过程中，他们无法得到父母的引导，反而越来越疏远父母。毫无疑问，这对于孩子的成长是极其不利的，而且会让孩子迷失。

作为父母，要想给予孩子最好的教育，引导孩子努力地成长，最好的办法就是耐心地陪伴孩子，给予孩子积极的引导，从而让孩子从家庭教育中汲取正向的力量，也让孩子以父母为榜样，在人生之中得到更好的成长和发展。

不要对宝宝唠叨不止

有一天晚上，因为睡觉前没有撒尿，甜甜半夜里被尿憋醒，又因为睡得迷迷糊糊的，没有及时上厕所，所以居然尿床了。甜甜从小睡觉就很警醒，每次有了小便都能主动要求撒尿，这次突然尿床弄得妈妈措手不及，也很生气。当然，妈妈并没有对迷迷糊糊的甜甜表现出不耐烦的样子，而是先把甜甜弄到干净的床上去睡觉，然后才开始收拾。

次日晚上睡觉前，妈妈再三提醒甜甜："甜甜，一定要撒尿再睡觉哦，你看看你昨天晚上没有撒尿睡觉，结果睡到半夜把床都尿湿了，咱家都发大水啦。你就是龙王知道吗？龙王才发大水呢！"一开始，妈妈这么说，甜甜虽然觉得害羞，却也觉得好笑。后来，妈妈说得次数多了，甜甜未免烦躁起来，后来居然哭起来。妈妈不知所以，对甜甜说："你这个丫头怎么还哭起来了呢！我就是告诉你不要再尿床啊，你就这么哭，不是太娇气了吗？"这时，一边的爸爸不耐烦地提醒妈妈："你能不能不要再说了，我的耳朵都听出老茧来了。闺女不就是尿床一次嘛，你小时候没尿床过吗！人家说，不要总是揭人的短处，你可倒好，总是揪着闺女的短处不放，还翻来覆去地说，如果有人这么说你，你能愿意吗？"妈妈这才意识到自己伤害了甜甜的自尊心，赶紧向甜甜道歉。妈妈道歉的时候又啰唆个没完，爸爸提醒妈妈："好啦，闺女已经听到啦，你就不要再说啦！"直到妈妈停止啰唆，甜甜才转忧为喜，在撒尿之后躺在床上高高兴兴地听故事。

再小的孩子，对于他人的情绪情感也有敏锐的感知能力。作为父母，一定不要对孩子唠叨，更不要把负面情绪传递给孩子。唯有积极地引导孩子，给予孩子正向的力量，孩子才能更好地成长，否则孩子就会在对父母的抱怨中长大，心情不好，人生也充满阴云。

在家庭生活中，尤其是妈妈常常喜欢唠叨，她们以唠叨的方式教育孩子，避免孩子再次犯同样的错误，却没有意识到当她们的话说得太多了，就会导致孩子变得非常懊恼，甚至会对教育孩子起到事与愿违的效果。这是因为孩子很容易产生各种逆反心理，一旦孩子抗拒妈妈的唠叨，就会故意与妈妈对着干。或者当被妈妈强迫要求必须接受某种观点的时候，他们也会故意排斥和抗拒。常言道，话不在多，而在于精，父母说得再多，如果不能被孩子接受和采纳，也没有丝毫效果。就像一个人吃了很多美味的食物，身体却没有消化吸收一样，那么这些美食对于身体就是毫无意义的，也无法为身体的健康成长提供意义。作为父母，要及时反思自己，这样才能意识到自己的缺点和不足，从而才能陪着孩子一起成长，在陪伴孩子的过程中不断地提升和完善自己。

要想避免唠叨，父母就要记住，反复地传经诵道，只会使孩子厌烦，也让教育起到反面的效果。很多父母都知道一首古诗，形容春雨润物细无声，其实父母是孩子的监护者，也是孩子成长的陪伴者，最好的家庭教育就应该起到润物细无声的作用，从而才能给予孩子最佳的陪伴。爱唠叨的父母们，当发现孩子不听话的时候，不要一味地只从孩子身上找原因，也应该努力地调整自己的心态，从而才能找到教育出现问题的根本原因所在。实际上，只要父母多多用心，处处留心，就能以其他更好的教育方式取代唠叨。首先，父母可以寓教于乐，把一个深刻的道理蕴含在浅显易懂的故事中，让孩子沉浸在故事的情节里，也能够在听故事的过程中得到反思和感悟。其次，父母还可以利用说他人的机会把道理告诉孩子，例如用孩子身边的人，或者电视新闻里的人物，让孩子知道生活中潜在的危险，从而培养孩子的安全意识，帮助孩子养成良好的安全习惯。最后，父母还要以身作则，在父母之间进行交流的时候，也要言简意赅，这样不但有利于让孩子把话听进去，也有利于让孩子养成良好的表达习惯，从而同样精简语言，言简意赅。这对于孩子未来的人际交往等，都会起到良好的辅助作用，也会给予孩子更好的成长体验。

总而言之，父母要记住，没有孩子从一出生就是非常完美的，既然父母自身都不完美，又为何要求孩子一定要完美呢？父母唯有怀着宽容的心对待孩子，意识到孩子在整个成长的过程中都会不断地犯错，从而才能理性对待孩子的犯错，也能够以正确的方式引导孩子改正错误。当父母对孩子不再唠叨，就会惊喜地发现孩子变得更愿意认真倾听父母的教诲，也愿意与父母进行深入的交流和讨论。由此可见，孩子的转变其实源于父母的改变，每一个父母都要先反省自己，才能以更好的方式与孩子相处，也才能建立良好的亲子关系。

父母要对宝宝身先示范

有一天晚上吃完晚饭，爸爸妈妈都坐在电视机前看电视，甜甜正在用妈妈的手机看视频。眼看着时间已经到了晚上九点半，妈妈催促甜甜去洗漱，甜甜却充耳不闻，稳坐泰山，继续瞪大眼睛盯着手中的手机目不转睛地看着。对于甜甜的表现，妈妈终于按捺不住自己，失去耐心地吼道：“甜甜，明天还要上学呢，赶紧洗漱睡觉，不然明天早晨起床会很困难。”对于妈妈的催促，甜甜终于抬起头，对着妈妈不以为然地说：“着什么急啊，你和爸爸不也在看电视呢吗！”

听到甜甜的话，妈妈恍然大悟：“原来，甜甜之所以总是拖延着不愿意洗漱，是因为看到爸爸妈妈还在看电视啊！”想到这里，妈妈马上号召爸爸：“好了，不要再看了，洗漱吧，全家一起洗漱，一起睡觉。”爸爸原本还有些不乐意呢，嘀咕道：“时间还早着呢！”当然，他不敢让这句话被甜甜听到，只是小声嘀咕而已。妈妈瞪着眼睛对爸爸说：“赶紧的，和甜甜一起洗漱去。再晚，她明天早上又该起床困难了。”爸爸也意识到妈妈的用意，赶紧热烈响应：“好的好的，洗漱去喽。”说着，爸爸先关掉电视，然后收回甜甜手中的手机，果然，甜甜这下子不吭声了，很顺从地就把手机交给爸爸。

在家庭教育中，父母如果想管教孩子，就要先以身作则，为孩子树立榜样。唯有如此，父母在教育孩子的时候才会不止有威严，也有力度。就像事例中的爸爸妈妈，如果他们只要求甜甜马上洗漱睡觉，而自己却坐在客厅里看电视，别说是孩子，就算是成人面对这样的不同待遇，也会有很大的意见。所以妈妈听到甜甜的反驳之后意识到问题所在，当即要求爸爸关掉电视，全家人一起去洗漱，这样一来，甜甜看到爸爸妈妈也要早睡早起，自然不会再有异议。

孩子是需要榜样的。他们从一出生就依赖父母的照顾而生存，随着渐渐成长，自我意识越来越强，他们变得很喜欢模仿。对于孩子而言，他们在日常生活中一直在与父母打交道，因而他们的第一个模仿对象就是父母。他们往往会在不知不觉中模仿父母的言行举止，也模仿父母的为人处世。所以人们才说父母是孩子的第一任老师，而孩子是父母的镜子。父母如果觉得孩子的表现不够好，先不要急于斥责孩子，而应该首先反思自己，看一看自己是否在相关的方面也做得不够好，因而才能有的放矢地进行改进，从而为孩子树立更好的榜样。

不能以身作则的父母，在管教孩子的时候总是心虚的，而且孩子也会因为父母的言行举止都不符合规矩，而在心中降低父母的地位。尽管如今提倡快乐教育，要求父母与孩子像朋友一样相处，而实际上，父母在孩子面前依然要有威严，这样才能最大限度地发挥父母的作用和影响力，从而促使孩子更加健康快乐地成长。如果父母坚持以身作则，能够成为孩子的偶像，那么这样的家庭教育一定会是非常成功的。当然，绝佳的亲子关系并非是与生俱来的，也不是一蹴而就就能获得的。父母必须更加用心地对待孩子，也站在孩子的角度上考虑问题，设身处地地为孩子着想，才能经营好亲子关系。举个简单的例子，如果父母要求孩子阅读，那么父母就要在家庭生活中专门开辟出亲子阅读的时光，与孩子一起阅读，陪伴孩子阅读。只有在良好的氛围中，孩子才能静下心来阅读，否则如果父母正在津津有味地看电视，却要求孩子静下来读书，即使孩子在书房，父母在客厅，只怕孩子也会惦记着电视的内容，也因为心中愤愤不平，而导致无法静心读书。再如，如果父母要求孩子运动，那么父母之中至少有一个人要带着孩子一起运动，这样一则陪伴了孩子，二则也能够让孩子以父母为榜样。正是因为孩子尤其喜欢模仿，所以父母更要以身作则。

细心的父母会发现，很多家庭里如果父母原本就是很失败的，那么孩子也无法取得良好的成就。如果父母能够积极向上，不断努力，那么孩子就能够从父母身上汲取积极的力量，从而督促自己也不断成长，向着父母靠拢。总而言之，在早期教育中，孩子接触最多的就是父母，也总是情不自禁地模仿和学习父母的样子。在这种情况下，父母一定要以身作则，身先示范，在对孩子提出任何要求之前，都先要自己做到，这样才能底气十足地要求孩子也做到。常言道，身教的作用大于言传，父母必须注重对孩子的身教，从而让教育孩子事半功倍。

对宝宝要批评和表扬相结合

有一天，甜甜想帮助妈妈从厨房里把饭菜端到客厅，一开始，妈妈担心甜甜不能端饭菜，也怕甜甜不小心把饭菜弄洒了反而更麻烦，想拒绝甜甜，但是想到育儿专家说要让孩子做力所能及的事情，这样才能提升孩子的能力，让孩子做很多事情，为此妈妈一转念，又答应了甜甜的请求。甜甜很高兴，觉得自己终于能为妈妈做一些事情了。她先端米饭，只见她小心翼翼地端着米饭往前走，走到厨房和客厅的门槛时，突然脚被门槛绊了一下，她也一下子往前摔倒在地上。妈妈第一反应是担心甜甜被摔碎的碗伤害到，但是当看到甜甜没有受伤之后，妈妈就开始控制不住自己的怒气，生气地指责甜甜："你看你，不让你端饭，你非要端饭，这下子好了，不但把饭洒了，还把碗也摔了。赶紧去一边待着吧，我来收拾。"甜甜知道自己把事情搞砸了，有些懊丧，还是勇敢地向妈妈申请："妈妈，我还可以端饭吗？我会非常小心的。"妈妈如同连珠炮一样说："你还端饭？如果再出现这样的情况，咱们今天就没有饭可吃了，而且家里的碗也会被你摔光的。"听到妈妈的话，甜甜委屈得眼睛里含着泪水，站在那里。

正巧，爸爸回家了。看到甜甜的样子，爸爸赶紧关切地问：“甜甜，你怎么了？怎么哭了呢？”甜甜哽咽着把事情说了一遍，然后询问爸爸：“爸爸，我还可以端饭吗？我一定会非常小心的。老师说，小朋友回家要帮助爸爸妈妈做家务。”听到甜甜的话，爸爸不由得觉得欣慰，对甜甜说：“当然可以啊。甜甜很棒，都能帮助爸爸妈妈分担家务了。只要甜甜愿意，还可以帮助爸爸妈妈做家务，不过甜甜要小心，因为破碎的碗盘很容易割伤人。你下次再经过厨房进入客厅的时候，留神脚下，好吗？”在爸爸的鼓励下，甜甜又去端饭，妈妈原本想制止甜甜，却被爸爸的眼神制止了。

在这个事例中，爸爸的做法是正确的。别说是孩子了，就算是成人，在刚刚开始做某件事情的时候，也有一个由生疏到熟悉的过程。对于孩子的成长，父母一定要给予足够的耐心，也要理解孩子就是在不断犯错的过程中长大的。如果孩子不小心犯了错误，父母还要注意区分孩子犯错的性质，是故意犯错，还是不小心犯错，是贪玩犯错，还是因为好心办了坏事。根据孩子做事情的动机不同，父母也要对孩子采取不同的政策，例如对于好心办坏事或者无意间犯错，父母要更加宽容孩子，也不忘鼓励孩子。对于孩子故意犯错或者是因为贪玩犯错，父母可以批评孩子，但是也要注意把批评与表扬相结合，而不要一棒子把人打死，让孩子在父母无休止的批评中失去再次尝试新鲜事物的勇气和信心。

孩子正处于好奇心特别强烈的年龄阶段，他们在好奇心的驱使下，总是想要了解这个世界，探索这个世界。对于孩子的表现，父母不要过分苛求，也不要过度限制孩子的自由。在保障孩子安全的情况下，鼓励孩子探索，多给孩子机会去亲自尝试，这对于孩子的成长有至关重要的意义。然而，不管孩子是因为什么原因犯错误，父母都要注意对孩子批评与表扬相结合，一味地批评总是会伤害孩子脆嫩娇弱的心，而一味地表扬又会让孩子沾沾自喜，自以为是。父母一定要把握好教育孩子的度，也要掌握教育孩子的正确方式，才能最大限度地帮助孩子成长，也给予孩子积极正向的引导。记住，孩子的成长从来不是一蹴而就的，就像是大自然中的各种植物都有生长的周期一样，所以父母要耐心等待孩子的生命绽放。如果父母因为急功近利就拔苗助长，则会打乱孩子成长的节奏，导致孩子在成长的过程中陷入被动。人非圣贤，孰能无过？每一个父母都要宽容地对待孩子，用心地理解孩子，才能在扶持孩子成长的过程中，给予孩子更好的陪伴和指引。

和成绩相比，品质更重要

小雪是一个忙碌的孩子，妈妈为她报名参加了九门课外班，这也就说除了在学校里的时间之外，小雪始终都在各个课外培训机构间奔波。这让小雪几乎没有时间休息，苦不堪言，因为严重地透支体力和精力，小雪还耽误了对学校课程的学习。有一次，小雪的单元测试成绩很差，因而老师批评小雪：“只顾着在外面上课外班有什么用处呢？学校里的学习才是根本，如果连学校里的知识都学不好，还有什么必要去外面学？这不是舍本逐末吗？”小雪曾经尝试着和妈妈商量减少几个课外班，但是对于小雪的请求，妈妈置若罔闻，坚持要求小雪继续上这么多课外班。

有一段时间，小雪觉得压力山大，居然故意恶作剧，偷同学们的东西。一开始，中午休息的时候经常有同学发现东西不见了，老师还特意展开调查，查了好几天呢！后来，一个同学无意间发现小雪偷了同学的东西，还将其扔到洗手间的纸篓中，就把此事告知老师。老师得知事情的真相很气愤，但还是控制住怒气，找到小雪，耐心地与小雪沟通。当被问及为何要偷东西再扔掉的时候，小雪不以为然地说："我就是喜欢这么做啊，我觉得很开心。"老师简直气结，说："这么做很有趣吗？"小雪点点头。看到小雪这样的态度，老师觉得没有必要继续与小雪交流，因而把小雪的爸爸妈妈都找到学校，要求小雪的爸爸妈妈关注小雪的心理状态和心理问题。此外，老师还提醒小雪的爸爸妈妈："小雪爸爸妈妈，我说句话你们可能不乐意听，但是本着对孩子负责的态度，我觉得我还是很有必要提醒你们的。孩子还小，不要给孩子过大的压力。学习成绩固然重要，但是做人的品质更重要。我不是说小雪品质有问题，实际上在发生这件事情之前，小雪各个方面的表现还是比较好的。我建议你们适度给孩子减少几个课外班，这样孩子才能寓教于乐，边学边玩，压力也会小一些。"爸爸妈妈觉得老师的话很有道理，尤其是此前坚持让小雪上所有课外班的妈妈，当即表示会帮助小雪减少课外班，让小雪的精神放松一些。

爸爸妈妈意识到问题的严重性，更加关注小雪的品质，因而不再对小雪催逼得那么紧了。小雪有了更多的休息时间，常常与同学们在一起玩耍，还会和爸爸妈妈谈天说地，渐渐地，她的心理越来越健康，再也不会因为巨大的压力就做出荒唐的事情。

前文说过，一个孩子即使再有才华，如果品质不好，品行低劣，那么他就会在人生之中走上弯路，也因此而影响自身的健康茁壮成长。人的成长就像是大树一样，树木唯有立根扎实，才能长成参天大树，成为栋梁之材。人也是如此，一个人唯有拥有端正的品行，再有才华，才是真正的人才，而如果没有高尚的品质和端正的品行，则会导致自己陷入被动之中，也因此而限制人生的发展。

遗憾的是，现代社会，经济发展迅速，人心越来越浮躁，很多父母都更加关注孩子的成绩，而忽略了给予孩子健康的心灵。毫无疑问，这是本末倒置的。父母一定要端正心态，在培养孩子的过程中要分清楚轻重缓急，这样才能更加有的放矢地引导孩子成长，也给予孩子的人生更多的积极力量。近些年来，经常发生孩子因为心灵脆弱而自杀的事件，他们之中既有小学的孩子，也有初中的孩子，还有高中、大学的孩子。有的大学生开学没多久就自杀的，也有即将毕业的研究生因为惧怕社会生活中的巨大压力而自杀的。这些现象让人忍不住扼腕叹息，也忍不住要问：如今的孩子都是怎么了？的确，如今的孩子都是怎么了，为何他们不能承担起学习的任务，就连学业有成之后面对社会都做不到呢？不得不说，这都是因为畸形的教育导致的。如今，社会的飞速发展给每个人都带来了巨大的压力，父母们不但要在职场上打拼，还要承担养家糊口的重任，因而也是压力山大的。在这种情况下，他们很容易就把自己的压力转嫁给孩子，也为了不让孩子输在起跑线上，未来能有好的生活，他们拼尽全力培养孩子。

在错误的教育观念下，大多数父母培养孩子的方式，就是给孩子报名参加各种各样的兴趣班、培训班，也让孩子很小的时候就开始参加补习班，从而在学习上超前于其他的同学。殊不知，孩子的成长有其自身的规律，如果父母总是一味地强迫孩子学习，而忽略对孩子品质的培养，就会导致孩子的成长出现偏差。简而言之，当孩子品质优良，学习成绩不管好坏，至少孩子能够把握人生。反之，如果孩子品行恶劣，即使学习成绩再好，也无法成为一个合格的人。此外，还有的孩子拥有玻璃心，不够坚强和勇敢地面对人生，他们在生命的漫长历程中不知道什么时候就会出岔子，也导致自己迷失在人生的道路上，不知所踪。所以明智的父母知道，培养孩子的品质，让孩子拥有优秀的品质，这是最重要的，也是保证孩子健康成长的根基。

分数固然重要，技能也很重要

思域是个不折不扣的学霸，学习成绩不但在班级里拔尖，在年级里也名列前茅。思域特别喜欢学习，父母也很用心地培养思域，希望思域能在学习上有更进一步的表现。为此，父母还给思域报名参加了培优补习班、兴趣爱好班等。思域在父母的大力支持下学习的兴致更浓，居然达到了两耳不闻窗外事，一心只读圣贤书的程度。

有一个周六，爸爸妈妈正巧要同时出差去外地，一大早上走，晚上很晚才能回来。原本，妈妈想把思域送到外婆家里，但是思域说自己还有很多作业要写，不想背着沉重的书包去外婆家里，下午还得背着沉重的书包赶回来。为此，妈妈同意了思域的请求，答应让思域独自留在家里写作业。临行前，妈妈对思域进行了简单的培训，教会思域使用电煮锅煮泡面或者是速冻馄饨。思域学得很认真，然而，中午才过了没多久，妈妈就接到思域的电话。思域告诉妈妈自己拉肚子了，还非常严重，妈妈无奈，只好赶紧打电话让外婆火速打车赶往家里，照顾思域。外婆接到电话后就马不停蹄地赶到家里，带着思域去医院就诊。化验之后，医生说思域是因为吃了不洁的食物才导致拉肚子的。思域仔细回想，说："我只有中午煮了馄饨吃，其他的什么都没吃。"外婆问妈妈馄饨是否有问题，妈妈说没有。外婆又问思域是如何煮馄饨的，思域的回答让人啼笑皆非。原来，思域把煮馄饨和煮方便面的方法记混了，所以导致馄饨根本没有煮熟。吃了半生不熟的馄饨，难怪思域会拉肚子呢！闹了这个乌龙之后，外婆留在思域家里，晚上给思域煮好了晚饭才离开。妈妈回来之后，思域不由得抱怨妈妈："妈妈，都怪你，平日里也不教会我做饭，这下子好了，我可出名了，茹毛饮血，吃生肉。"妈妈看着思域嗔怪的样子，不由得笑起来，说："思域，看来你对于做饭的学习能力，可没有对于知识的学习能力那么强大。下一次，我必须在教完你之后，再让你亲自示范给我看一下，才能确定你是否真的能把饭做熟呢！"思域觉得这件事也怪不得妈妈，不由得笑起来，说："我们一起努力吧，反正这个悲剧不能再次上演了。"

现代社会，大多数父母都陷入教育焦虑状态，他们虽然对于孩子的学习非常重视，也想方设法为孩子的学习提供便利条件，促进孩子的进步，但是却忽略了对孩子生活能力的培养，由此也就诞生了很多高分低能的孩子，很多孩子在学习方面是不折不扣的学霸，但是在生活方面却是典型的无能者。他们什么都不会，缺乏生活技能，没有生活智慧，也不能提升自己的生活品质。这样一来，离开了父母，他们甚至不能独自生活。前些年，就曾经有大学生在去大学报到的时候，因为不会铺床而坐一夜，还有的大学生因为从未见过带壳的鸡蛋，而对着鸡蛋无从下手，肚子饿得咕咕叫，却不能把鸡蛋吃到嘴巴里。不得不说，这样的孩子都是高分低能的代表，也是父母教育观念偏差导致的。

在教育孩子的过程中，父母一定要更加注重培养孩子的技能。一个人，唯有更好地生存下来，才能有机会发展。否则，即使孩子能够考取很高的分数，但是却始终不能独立生存，也就会在人生之中面临巨大的困境，导致根本无法成功地发展自己，让自己不断成长。

影响孩子一生成就和幸福的，绝不是分数这么简单。古人云，天时地利人和，古人都知道成功需要具备诸多方面的条件和因素，更何况作为现代人呢？孩子要想健康茁壮地成长，不但需要努力学习，提升自己的知识储备，更要学会与人相处，让自己拥有良好的人际关系。从长远发展的角度来看，孩子只有学习能力也是不够的，还要具备创新思维和意识，从而才能让自己坚持开拓创新，为自己的人生开拓崭新的道路和途径。所谓条条大路通罗马，当孩子具备更多的技能，即使他们不是学习的材料，不能在学习方面出类拔萃，他们也能够经营好自己的人生，让自己在人生的道路上勇往直前，不断进取。唯有身心健康、全方位发展的孩子，未来步入社会之后才会取得更好的发展，也才能在成长的道路上事半功倍。

孩子习惯用左手，需要纠正吗

在成长的过程中，孩子总会出现各种各样的状况，每一个亲自养育过孩子的父母都知道，用状况百出来形容孩子的成长不足为奇。因而资深父母都知道，要更加理性对待孩子的成长，要深入了解孩子的身心发展规律，从而才能给予孩子的成长更多的帮助，也真正助力孩子的成长，对于孩子的成长起到积极有效的推动作用。

孩子都会出现哪些状况呢？关于敏感期的那些表现，都是很容易让父母抓狂的。不过在了解敏感期之后，父母对于孩子的各种怪异表现，就不会再那么紧张了。在这种情况下，对于孩子不属于敏感期的一些异常表现，父母往往更加纠结，不知道是应该任由孩子顺其自然地发展下去，还是应该及时矫正孩子，从而帮助孩子形成正确的行为习惯。这其实主要取决于父母的态度，例如如果父母觉得孩子的异常表现是错误的，那么就会下大力度纠正孩子的不良习惯，从而给予孩子更好的成长。当然，这只是父母的主观判断，他们觉得孩子不够优秀，所以才会对孩子提出更高的要求。从孩子的角度而言，也许采取某种特定的做法让他们感到高兴，也让他们觉得舒服，认为是有利于自身成长的，那么他们就希望能够坚持自己的做法，而不要轻易改变。在这种情况下，父母与孩子之间难免会因为各种各样的原因而发生矛盾和纷争，亲子关系也会变得紧张起来。实际上，父母对于孩子的成长，肩负着不可推卸的重要责任，对于父母而言，既要对孩子的成长尽职尽责，但也不要对孩子的成长过于紧张。唯有端正心态，意识到作为父母在孩子成长过程中的重要作用，父母才能摆正自己的位置，与孩子更好地相处。

孩子在两三岁期间，开始学习使用筷子，在这种情况下，有极少数的父母会被一件事情困惑，即孩子会出现用左手使用筷子的情况。在传统的观念中，每个人都应该使用右手，而且使用左手在吃饭的时候会给相邻的人带来很大的不方便。综合各个方面的因素，很少有父母能够容忍孩子使用左手，他们总是强烈要求孩子必须改变使用左手的习惯，从而改为使用右手，这样才更符合大众用手的情况。殊不知，孩子并非是因为用错了手，所以才会使用左手，而是因为他们天生就喜欢使用左手，也觉得使用左手更方便，更顺手，所以才会理所当然地开始使用左手。在这种情况下，父母完全无须大张旗鼓地对孩子到底是使用左手还是右手而进行过度的纠正，否则就会导致孩子变得更紧张，也因而在用手的过程中出现更多的问题和不适应。

有心理学家经过研究证实，孩子使用左手能够更好地开发右脑，对于刺激孩子的智力发展是有很大好处的。或者退一步而言，即使使用左手对于孩子的成长没有非常明显的好处，父母也要尊重孩子的意愿，因为使用左手或者右手，对于孩子的成长不会有显而易见的影响。所以父母也要改变传统的观念，给孩子更大的自由空间去成长。对于孩子而言，父母的尊重是给他们的最好礼物，而可以顺其自然地成长，会让他们感受到生命是轻松愉悦的。否则在父母的粗暴干涉下，孩子必然感到很苦恼，也会因为生命的历程而更加遭遇困境。当父母过于粗暴地干涉孩子时，会导致孩子陷入懊恼之中。当孩子被逼着使用右手去做各种事情时，他们一定会觉得内心不安，与此同时，他们也会觉得天性遭到侵犯。所以明智的父母不会对左撇子的孩子进行粗暴的改造，更不会刻意扭曲孩子的天性。否则，就会对孩子的成长起到相反的作用和效果，也导致孩子的未来变得更加迷惘。

早点睡觉，比睡觉时长更重要

果果从小就是个夜猫子，因为爸爸下班比较晚，所以每天晚上果果都会等到爸爸下班，和爸爸玩一会儿之后才睡觉。有的时候，果果刚刚要睡着，爸爸突然回家，果果也会马上从迷糊入睡的状态清醒过来，导致爸爸都洗漱之后睡着了，她还精神着呢！对于果果的晚睡习惯，爸爸妈妈不以为然。他们觉得虽然果果睡得晚，但是早上也起得晚，所以只要保证充足的睡眠，就不会影响果果的生长发育。

一岁多进行体检的时候，医生在给果果测量身高和体重之后，很严肃地对妈妈说："您家的宝宝身高和体重都偏低，您要给她增加营养，促进生长了。她平时吃饭好不好？"妈妈觉得很困惑，说："她平时吃饭还挺好的，什么都吃，吃得也不少，从小就这样马瘦毛长的样子，是不是就是这种瘦人啊。"医生说："婴幼儿没有是瘦人还是胖人的说法，您看看，现在生活条件这么好，有几个婴幼儿还这样面黄肌瘦的呢！"妈妈有些为难："那到底应该补些什么呢？"医生说："每天的营养都要均衡，早睡早起，规律作息，这样孩子的体质会渐渐好转的。"

听到早睡早起这几个字，妈妈马上问医生："长胖不是多吃就行了嘛，还要早睡早起啊？"医生毫不迟疑地回答："当然，睡眠对于孩子的生长发育至关重要。"妈妈说："那么，如果孩子每天虽然睡得晚，但是都能保持充足的睡眠，这样晚睡还会影响孩子的成长吗？"医生点点头，说："是的。对于孩子而言，不但要保证充足的睡眠，也要保证早睡。曾经有科学家经过研究发现，孩子在睡觉的过程中会分泌一种生长激素。这种生长激素在晚上十点到凌晨两点之间分泌，但是必须在孩子深度睡眠的情况下分泌。通常情况下，孩子在入睡半个小时到一个小时的时间之后才能进入深度睡眠，这也就意味着孩子要在晚上九点前后入睡，才不会错过生长激素的分泌。所以如果孩子睡得晚，就只能有短暂的生长激素分泌时间，这也是为什么大多数睡觉晚、作息没规律的孩子，总是长得很瘦弱的原因。”听了医生的话，妈妈恍然大悟，难怪果果虽然吃得不少也不长个子，更不长膘呢，就是因为果果的睡眠不好。后来，妈妈在医生的建议下调整了果果的作息时间，果然，才几个月的时间过去，果果的气色就越来越好，不仅小脸蛋红润起来，整个人也强壮些了。

看完这个小事例，不仅果果妈妈受到深刻的教育，也知道了孩子在睡眠中还会分泌生长激素这件新鲜事，相信很多父母都会恍然大悟，也深深懊悔此前为何没有帮助孩子养成规律的作息习惯。孩子的生长得益于两个方面，一个是孩子要吃得好，一个是孩子要睡得好。在此之间，再进行适度的运动，帮助孩子调节身体，孩子的体质自然会越来越强，生长发育的速度也会越来越快。

如今，有很多年轻的父母都喜欢过夜生活，在有了孩子之后，他们甩不掉孩子这个小尾巴，因而还会带着孩子一起过夜生活。殊不知，孩子正处于生长发育的黄金时期，他们需要更多生长的养分和有利条件，才能迅速成长，也变得更加强壮。需要注意的是，除了夜晚的十点到凌晨两点是生长激素的分泌高峰期之外，每天早晨五点到七点，也是孩子生长发育的高峰期。作为父母，即使要让孩子养成早睡早起的好习惯，也不要在七点之前叫醒孩子。当然，孩子睡得太晚也不好，因为早晨的空气很清新，富含氧气，所以父母大概在七点到七点半之间，就要叫醒孩子，督促孩子起床，这样孩子既有充足的睡眠，也能吸入足够的氧气，不但有利于身体发育，而且还有助于保持好心情，可谓一举数得。

每一位父母都希望自己的孩子健康活泼可爱，也希望孩子能够长得高大强壮。因此，父母们都需要保持学习的好习惯，才能根据孩子的成长情况与时俱进，及时更新育儿理念，从而给予孩子最好的陪伴和照顾。为了帮助孩子养成早睡早起的好习惯，父母首先要以身作则，带头早睡早起，这样才能让孩子也早睡早起。其次，在孩子入睡之前，父母要注意让孩子保持身心愉悦，而不要总是让孩子激动。否则，孩子一旦陷入兴奋的状态之中，再想恢复平静，尽快入睡，就很难。再次，为了帮助孩子尽快入睡，父母还可以为孩子洗个热水澡，或者是给孩子喝一杯热牛奶，这都有助于睡眠，也能让孩子在睡眠中保持身心放松的状态。最后，不要忽略对亲子时间的经营。从感情的角度而言，每个孩子都想亲近父母，既然如此，父母就要抓住睡前非常放松的时间，用心陪伴孩子，与孩子一起听音乐，或者给孩子讲故事，这样一来，不但能够加深亲子感情，而且能够让父母与孩子的相处更好，这对于孩子及时入睡是非常有利的。

早教课到底要不要上

周末，妈妈带着果果去商场里玩，正巧遇到一家早教中心正在做推广活动，原本一万多元的早教课程，现在只需要八千多元就可以购买到。想到果果已经一岁半了，也到了开发智力的时候，妈妈冲动之下就交了钱。

回到家里，妈妈告诉爸爸给果果报名了早教班，爸爸问完价格之后，简直垂足顿胸，觉得妈妈的钱花得太冤了："什么早教，就是噱头而已，不就是带着孩子玩嘛，我们自己带着孩子玩，不比把孩子送给老师折腾好吗？"爸爸的一番话说完，妈妈也觉得有些懊丧，原本妈妈满心欢喜地希望得到爸爸的认可和赞赏，没想到爸爸对于早教根本不了解，而且评价极低。为此，妈妈还生气地和爸爸吵了一架。

爸爸坚决要求妈妈去把早教班的钱退回来，妈妈不同意，思来想去，妈妈只好把爸爸带去参加早教班的普及课。在早教班上，爸爸原本以为带着孩子玩的早教没什么可讲的，却发现老师说得头头是道，不但非常了解孩子的身心发展规律，而且能够有针对性地对不同年龄段的孩子制定相应的早教计划。尤其是当听到老师说父母一定要来参加早教班，从而坚持对孩子进行早期教育和智力启迪之后，爸爸当即就给妈妈发微信："老婆，你的决定是英明的，我决定支持你。"妈妈这才放下心来。

事例中，爸爸的心态代表了很多父母的心态，即觉得早教班、亲子班就是带着孩子玩，根本没有任何技术含量可言。实际上，这么想的父母无形中也贬低了孩子，他们一定是觉得孩子的成长毫无新奇之处，才对孩子的成长怀着漫不经心的态度。要想让父母接受早教班、亲子班，首先要帮助他们更加深刻地了解关于幼儿教育的知识，这样他们才能更加摆正心态，端正态度，更加慎重地对待孩子的早期教育问题。

现代社会，父母对于教育的重视程度越来越高，因而只要经济方面能够承受，很多父母都会给孩子报名参加各种各样的早教课、兴趣班等，只为了挖掘孩子的潜力，让孩子赢在起跑线上。然而，当形形色色的早教课如同雨后春笋般涌现，父母们未免感到困惑，因为他们不知道到底应不应该上早教课，如果应该上早教课，那么应该选择怎样的早教课。

也许有的父母会说，上早教课根本没什么意义，一周也就一节课，对于孩子能起到什么作用呢？其实，父母们之所以会有这样的想法不足为奇，因为他们根本没有理解早教课的意义。父母们都知道，早教课是必须父母带着孩子一起去上的，有些早教课针对婴幼儿开展，父母更是要全程陪同。难道早教课主要是为了教孩子吗？对于低龄儿童展开的早教课根本不是如此，并不是单纯为了教孩子，而主要是为了教会父母如何对孩子开展早教。正因为如此，早教课通常一周一次，每次课程都会带着孩子们做一个新游戏。而大多数父母在陪同孩子上早教课、亲子课的时候，总是把自己定位为保镖，所以对于课程丝毫不放在心上。不得不说，这样的观点是错误的，这种参加早教课的态度也是不可取的。父母一定要端正态度，意识到自己在早教课中应该扮演的角色，是在与孩子一起学习之后，更有的放矢地陪伴孩子，以孩子喜欢的方式与孩子相处，做游戏，这才是最重要的。

看到这里，相信大多数父母对于是否需要上早教课、亲子课会有更加深入的思考。新生儿从呱呱坠地开始，就进入学习的过程，他们不但要认知和了解自己，也要展开对世界的探索。每当学习一种技能的时候，他们都要进行很多次练习。例如每个孩子学习说话的时候，都要坚持不懈地发音，在此过程中启发自己的智力。再如孩子在学习走路的时候，经常摔倒，但是他们爬起来之后会继续走。这是因为孩子有内驱力，正是这种力量驱动着他们不断地向前，努力地成长。从这个角度而言，每周一次的早教课对于孩子而言的确频率太低，也许下一次课还没有上呢，孩子就把这次课程上学到的东西全都还给老师了。为了避免这种情况的发生，父母起到至关重要的作用。那就是在接受早教课之后，父母要模仿老师的样子与孩子做游戏，教给孩子一定的知识和技能。众所周知，在孩子没有正式开始进入学校学习之前，父母每天与孩子接触的机会最多，时间最长，所以父母只要持之以恒，就能对孩子的成长起到积极的推动作用。有人说父母是孩子的第一任老师，也有人说孩子是父母的镜子，正是这个道理。作为父母，要肩负起对孩子的重要任务，作为孩子，也要在父母的引导下努力学习，提升自己，这样的亲子关系才是理想的，也才能不断地推动孩子的成长。

不停地摇晃宝宝好吗

很多父母都意识到睡眠对于孩子的成长起到至关重要的作用，为此，他们总是想方设法哄孩子睡觉。曾经，有个妈妈推着四个多月的孩子出来晒太阳，才晒了不到半个小时，她就用布把孩子蒙在小推车里，然后推着孩子一圈又一圈地围着小区广场走路。孩子在车里急得直叫唤，她却不为所动，继续把孩子蒙在推车里走来走去。别人看了很奇怪，问她："你为何把孩子蒙在推车里呢？"她说："宝宝该睡觉了，这样蒙上布走路，他才睡得快。"不得不说，这位妈妈虽然意识到充足的睡眠对于孩子成长的重要作用，但是她对待此事的态度却很生硬，而且方式也让人难以接受。试想，如果让一个已经睡饱了的成人睡觉，他能睡得着吗？虽然孩子需要的睡眠时间比成人更长，但是父母也要尊重孩子的需求，而不要强迫孩子睡觉。

为了让孩子尽快入睡，还有些父母会把孩子抱在怀里喂奶，结果孩子吃了半个多小时的奶也不睡。为此，他们就又把孩子抱起来，不停地走来走去，还一边走一边摇晃。在这种情况下，也许孩子被晃得头昏目眩，没过多久真的就睡着了。但是这个时候，抱着孩子的父母也会累得胳膊酸疼，而孩子因为不困，所以睡眠不深，往往是刚刚把孩子放到床上，孩子马上就醒来。这样循环往复，不仅孩子感受不到睡眠的快乐，而且父母也跟着受罪，精神紧张，疲惫不堪。实际上，抱着孩子不停地摇晃是不可取的。对于刚刚出生的小婴儿来说，他们的脑部发育不够好，因而禁不起剧烈的摇晃。曾经有新生儿一出生就躺在摇床里，后来检查居然发现有轻微脑震荡。从另一个角度来说，孩子并非睡觉的时间越长越好，人不饿的情况下根本不想吃饭，不困的情况下也很难睡得着。所以对于孩子而言，只有在困倦的情况下才能睡得香。既然如此，父母就要想办法让孩子消耗多余的精力，这样才能在精疲力竭之后进入深度睡眠。

此外，有很多父母都抱怨孩子夜里睡觉不踏实，总是醒来好几次，排除孩子是饿了或者缺钙的情况，父母要注意别让孩子在白天的时间里睡得太多。否则，孩子就会因为不困倦，而不愿意入睡，也会因为睡得浅，而常常惊醒。

哄孩子睡觉，要自然而然，而不要把很多事情都变成睡觉的反射条件。规律的作息指的是能够帮助孩子形成生物钟的作息习惯，父母在培养孩子良好作息习惯的过程中，自己也要早睡早起，从而与孩子的作息统一。这样一则可以给孩子当榜样，二则也可以与孩子步调一致，让生活安排更加合理。

还有非常重要的一点需要单独列举出来提醒每一位父母注意，即很多父母为了方便照顾孩子，往往把年幼的孩子放在父母的大床上，和父母一起睡。不得不说，对于低月龄的孩子而言，这是非常危险的，因为低月龄的孩子力量很小，一旦当父母睡着之后不小心因为翻身等动作把棉被盖到孩子的口鼻之上，孩子就很容易发生窒息的危险，甚至危及生命。即使对于稍微大一些的孩子，也不应该和父母一起睡，因为孩子睡在父母中间，会感受到父母呼出的污浊气息，导致无法吸入新鲜的空气。此外，随着不断的成长，孩子越来越大，如果从小就习惯了依赖于父母，那么他们渐渐地就会拥有很强的依赖心理，也不愿意独立分床或者分房间去睡觉。正确的做法是，父母应该从孩子一出生，就让孩子单独睡在自己的房间，如果实在不放心，也应该让孩子睡在单独的小床上，而不要让孩子养成与父母睡在一起的坏习惯。这样一来，孩子会更加安全，也会拥有更强的独立性。任何好习惯都是需要从小养成的，孩子的睡眠习惯也是如此，当孩子还小的时候，不能主动地养成良好的睡眠习惯，父母就要帮助孩子养成良好的睡眠习惯，这对于孩子的成长和身心健康都有很大的好处。

参考文献

[1]张然.别让儿童伤在敏感期[M].北京：中国商业出版社，2013.

[2]鲁鹏程.抓住儿童敏感期，你的教育就对了[M].北京：机械工业出版社,2017.